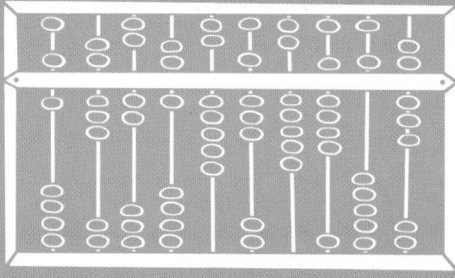

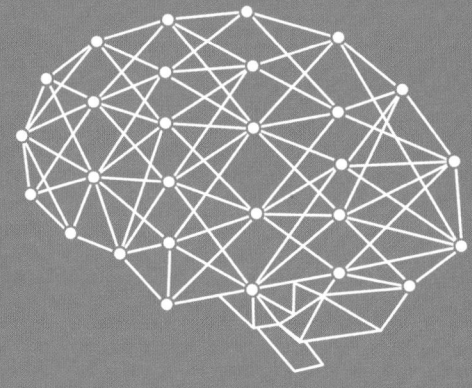

<small>개코원숭이 뼈에서 스마트폰까지</small>
컴퓨터의 역사

지은이 레이첼 이그노토프스키

옮긴이 배장열

감수 정지훈

초판발행 2024년 8월 30일
책임편집 이정희 **디자인** 박진희 **마케팅** 강백산, 강지연 **펴낸이** 이재일
펴낸곳 토토북 **주소** 04034 서울시 마포구 잔다리로7길 19, 명보빌딩 3층 **전화** 02-332-6255 **팩스** 02-6919-2854
홈페이지 www.totobook.com **전자우편** totobooks@hanmail.net **출판등록** 2002년 5월 30일 제2002-000172호
ISBN 978-89-6496-520-7 (73500)

THE HISTORY OF THE COMPUTER: People, Inventions, and Technology that Changed Our World by Rachel Ignotofsky
Copyright © 2022 by Rachel Ignotofsky
All rights reserved including the right of reproduction in whole or in part in any form.
This Korean edition was published by Totobook Publishing Co. in 2024 by arrangement with Ten Speed Press, an imprint of Random House,
a division of Penguin Random House LLC through KCC(Korea Copyright Center Inc.), Seoul.

이 책은 (주)한국저작권센터(KCC)를 통한 저작권자와의 독점계약으로 토토북에서 출간되었습니다.
저작권법에 의해 한국 내에서 보호를 받는 저작물이므로 무단전재와 복제를 금합니다.

*잘못된 책은 구입하신 곳에서 바꾸어 드립니다

개코원숭이 뼈에서 스마트폰까지

컴퓨터의 역사

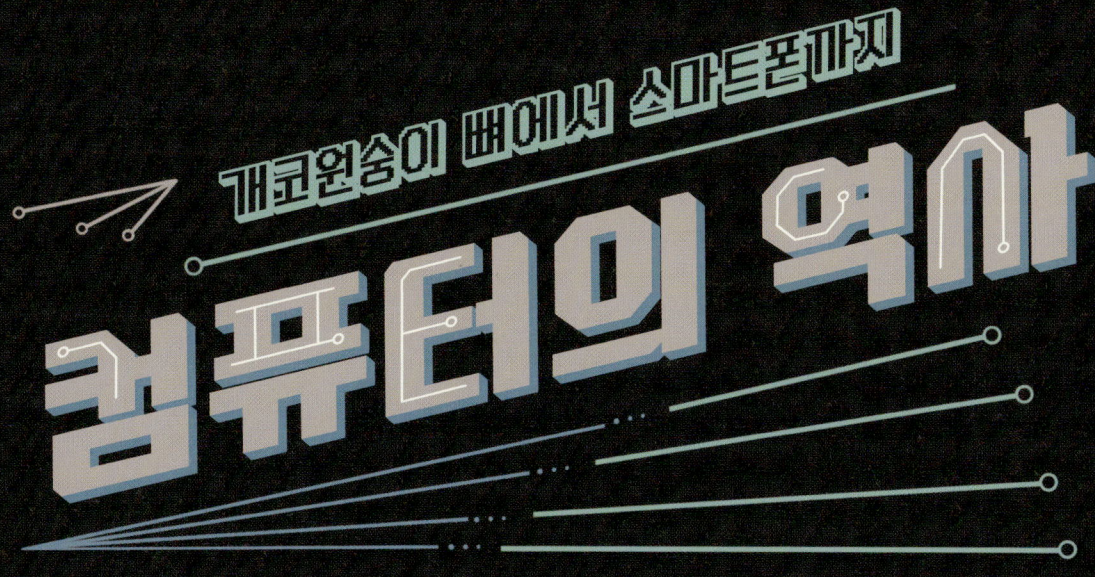

레이첼 이그노토프스키 지음 · 배장열 옮김 · 정지훈 감수

차례

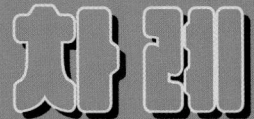

들어가는 말	6
컴퓨터 안을 들여다볼까?	8
이진법과 온/오프 스위치	10
기억 장치와 저장 장치	12
비디오 게임	14
인공 지능과 로봇	16

고대 문명
기원전 25,000 - 기원후 1599 ········· 19

연대표	20
역사 이야기	22
중요한 발명들	24
세계의 주판	26

증기와 기계
1600 - 1929 ········· 29

연대표	30
역사 이야기	32
중요한 발명들	36
주요 인물들	38

제2차 세계 대전과 초기 컴퓨터들
1930 - 1949 ········· 41

연대표	42
역사 이야기	44
중요한 발명들	48
주요 인물들	50

전후 경제 성장과 우주 경쟁
1950-1969 ········· 53

연대표	54
역사 이야기	56
중요한 발명들	60
주요 인물들	62

개인용 컴퓨터
1970-1979 ································· 65

- 연대표 ································· 66
- 역사 이야기 ··························· 68
- 중요한 발명들 ······················· 72
- 주요 인물들 ··························· 74

창의적 도구, 컴퓨터
1980-1989 ································· 77

- 연대표 ································· 78
- 역사 이야기 ··························· 80
- 중요한 발명들 ······················· 84
- 주요 인물들 ··························· 86

월드 와이드 웹
1990-2005 ································· 89

- 연대표 ································· 90
- 역사 이야기 ··························· 92
- 중요한 발명들 ······················· 96
- 주요 인물들 ··························· 98

올인원 기기
2006-현재 ································· 101

- 연대표 ································· 102
- 역사 이야기 ··························· 104
- 중요한 발명들 ······················· 110
- 주요 인물들 ··························· 112

디지털 세상이 직면한 문제들 ································· 114
컴퓨터의 미래 ································· 116
맺는 말 ································· 118

저자 소개 ································· 120
참고 자료 ································· 120
찾아보기 ································· 121

들어가는 말

"이건 전자두뇌입니다!" 미국 전역으로 생중계되는 한 방송에서 기자가 유니박을 두고 한 말이야. 이날 유니박은 1952년 대통령 선거 결과를 예측했어. 조금은 무모하다 싶은 홍보 전략이었지. 아무도 유니박이 어떤 결과를 내놓을지 몰랐거든. 심지어 유니박을 만든 공학자들조차 말이야. 사람들은 흑백 TV를 통해, 컴퓨터가 작동하는 장면을 처음으로 보게 되었어. 이전의 컴퓨터는 거대하고 시끄러운 데다, 제2차 세계 대전 중에 만들어져서 일급비밀 연구소에 감춰져 있었거든. 그런데 유니박은 달랐어. 군사용이 아니라 사무용 컴퓨터였으니까. 그리고 이날 유니박은 자신의 능력을 증명해야 했어. 사람들은 깜빡이는 콘솔과 회전하는 자기 테이프들을 바라보았어.

계산을 마친 유니박은 여론 조사 결과와는 정반대인 예측을 내놓았어. 드와이트 아이젠하워가 압도적으로 승리할 거라고 말이야. 놀랍게도 이 예측은 정확히 맞아떨어졌어. 사람들은 충격에 휩싸였어. 그리고 열광했지. 공상 과학이 현실에서 벌어진 거나 다름없었으니까. 이 방송으로 컴퓨터는 사람들의 상상력과 대중문화 속으로 파고들었어.

1952년 이후 컴퓨터는 먼 길을 달려왔어. 이제 우리는 손안에 쏙 들어가는 작은 기계를 통해 그동안 인류가 쌓아 온 모든 지식에 접근할 수 있게 되었어. 오늘날 우리를 여기까지 데려다준 이 놀라운 발명품의 기원은 석기 시대까지 거슬러 올라가. 컴퓨터의 역사라는 흥미진진한 기술 여행을 떠나기 전에, 먼저 컴퓨터가 정확히 무엇인지부터 정의해 보자.

컴퓨터는 명령에 따라 데이터를 저장하고, 검색하고, 처리하는 기계야.

　쉽게 말하면 컴퓨터는 인간의 사고 능력을 확장하는 도구야. 도구라는 게 원래 우리의 신체 능력을 키워 주잖아. 못을 박을 때 망치를 쓰면 팔의 능력을 더 키울 수 있는 것처럼 말이야. 컴퓨터는 우리의 정신 능력을 키워 주는 도구라고 보면 돼. 복잡한 수학 방정식을 풀 때, 방대한 정보를 저장하고 분류할 때, 또는 새로운 맛집을 찾을 때도 컴퓨터를 도구로 이용할 수 있어.

　1990년에 월드 와이드 웹과 결합한 인터넷은 컴퓨터를 미디어 기계로 탈바꿈시켰어. 이제 세계 경제는 인터넷 없이는 돌아가지 않아. 또 인터넷은 수많은 사람들에게 확장된 정체성이 되었어. 컴퓨터는 우리의 삶에 너무나 깊이 파고들었어. 그래서 2011년, 유엔이 인터넷 접속은 인권에 해당한다고 선언했던 거야.

　요즘에는 누구나 스마트폰을 가지고 다녀. 스마트폰은 최초로 우주 비행사를 달로 보낸 컴퓨터보다 10만 배 더 강력한 컴퓨터지. 물론 이런 환경이 언제나 당연했던 건 아니야. 예전에 컴퓨터는 아무나 쓸 수 있는 물건이 아니었거든. 소수의 과학자 집단, 정부 기관, 군대, 대기업 등에서 연구나 관리, 전쟁 및 수익을 위해서 컴퓨터를 사용했어. 초기 컴퓨터는 엄청나게 비싸고, 거대했으며, 전문 지식이 있어야만 사용할 수 있었어. 1970년대 개인용 컴퓨터가 나오고 나서야 일반 사람들이 쉽게 컴퓨터에 접근할 수 있게 되었지.

　이 책에서는 컴퓨터 역사에 이정표가 되었던 사건들을 훑어보고, 기술 지식이 어떤 힘을 발휘하는지 살펴볼 거야. 코딩하는 방법이나 컴퓨터 과학의 복잡한 세부 사항 같은 걸 얘기하는 대신, 세상을 바꾼 사람들과 기계들의 의미나 목적, 영향에 더 집중하려고 해. 컴퓨터의 역사는 곧 인류의 역사이기도 하거든!

컴퓨터 안을 들여다볼까?

하드웨어
컴퓨터를 구성하는 물리적인 전자 장치야.

마더보드
컴퓨터의 주요 부품을 끼울 수 있는 회로 기판. 메인보드라고도 해.

램(RAM)
데이터를 임시로 저장하는 기억 장치. 주기억 장치라고도 해.

컴퓨터 포트
주변 기기를 연결할 때 선을 꽂는 곳이야.

블루투스와 와이파이
전파를 사용해 주변의 무선 기기와 통신하는 컴퓨터 칩이야.

CPU
컴퓨터의 두뇌에 해당하는 장치로 모든 연산을 제어해. 그래서 중앙 처리 장치라고도 해.

GPU
컴퓨터 디스플레이나 비디오 게임기에서 그래픽을 만들어 내는 칩. 그래픽 처리 장치라고도 해.

전원 공급 장치
일반적인 콘센트로 들어오는 교류 전기를 직류로 바꾸어 컴퓨터 회로에 공급하는 장치야.

주변 기기
컴퓨터에 유·무선으로 연결하여 컴퓨터의 활용도를 높이는 장치야.

확장 버스
컴퓨터의 능력을 높이기 위한 다양한 확장 카드를 설치할 수 있는 슬롯. 추가 저장 장치나 GPU, 새롭게 개발된 하드웨어를 연결할 수 있어.

저장 장치
소프트웨어나 사용자가 만든 각종 파일 등 어떤 데이터든 저장할 수 있는 곳이야.

소프트웨어 용어

소프트웨어
애플리케이션, 운영 체제, 펌웨어 등 컴퓨터에 할 일을 알려 주는 프로그램이야.

명령행
텍스트 기반 명령만을 이용해 컴퓨터를 운영하는 방법으로, 메모리나 프로세싱 파워 등 자원을 거의 사용하지 않아. 1990년대까지 컴퓨터를 사용하던 주된 방식이었어.

GUI
사용자가 편리하게 컴퓨터를 사용할 수 있도록 여러 기능을 아이콘같이 알기 쉬운 그래픽으로 나타내는 걸 말해. 그래픽 사용자 인터페이스라고도 해.

OS
운영 체제라고도 해. OS는 오케스트라의 지휘자와 같아. 사용자가 컴퓨터의 하드웨어와 소프트웨어를 쉽게 사용할 수 있도록 관리해 주거든. 윈도우, 맥OS, iOS, 안드로이드 등 운영 체제에는 여러 종류가 있는데, 사용자마다 선호하는 운영 체제가 달라.

프로그램
컴퓨터가 특정 작업을 실행하도록 코딩된 명령이야.

프로그래밍 언어
컴퓨터는 이진 코드 즉 기계 코드만을 이해하는데, 이진 코드를 이용해 명령을 내리는 것이 사람에게는 쉽지 않은 일이야. 그래서 만들어진 것이 프로그래밍 언어야. 프로그래머는 이 프로그래밍 언어를 이용해 명령을 내리고, 컴파일러 등을 이용해 다시 컴퓨터가 이해할 수 있는 이진 코드로 변환해.

다양한 기술의 집합체, 컴퓨터

컴퓨터는 늘 온갖 기술과 결합하여 새로운 것으로 바뀌어 왔어. 카메라만 해도 그래. 요즘 웬만한 디지털 기기에는 카메라가 장착되어 있잖아.

스마트폰은 데스크톱 컴퓨터, 전화, 터치스크린, GPS 등의 기술을 결합해 '일체형 기기'가 되었어. 이제 우리는 사진을 찍기 위해 카메라 대신 스마트폰을 집어 드는 시대에 살고 있어.

기술 수렴

이진법과 온/오프 스위치

1과 0

컴퓨터는 온(켜짐)과 오프(꺼짐)라는 전기 신호만을 이해할 수 있어. 그러니까 컴퓨터랑 말을 하려면 이 기계 코드, 즉 이진 코드를 사용해야 해. '이진'은 '두 개의 상태'를 의미하고, 이진 코드는 1과 0으로 구성돼. 온은 1, 오프는 0으로 표시하는 거지. 컴퓨터의 모든 연산과 데이터는 1과 0으로 나타낼 수 있어.

1 = ON = 참
0 = OFF = 거짓

컴퓨터에서 처리되는 모든 것은 1과 0으로 나타낼 수 있어.

예: 문자 'A'
A = 01000001

예: 숫자 '95'
95 = 01011111

'비트'는 정보의 최소 단위를 말해. 그러니까 하나의 1 또는 0이 1비트인 거지. 비트를 모아 놓은 걸 '바이트'라고 해.

예: 픽셀의 색

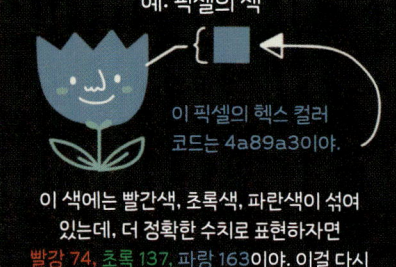

이 픽셀의 헥스 컬러 코드는 4a89a3이야.

이 색에는 빨간색, 초록색, 파란색이 섞여 있는데, 더 정확한 수치로 표현하자면 빨강 74, 초록 137, 파랑 163이야. 이걸 다시 이진법으로 표기하면 010010101000100110100011이 돼.

불 대수와 논리 게이트

불 대수란 컴퓨터 작동의 기초가 되는 대수 형식 중 하나야. 1847년, 수학자인 조지 불이 이 대수의 규칙을 정립했어.

불 대수는 NOT, AND, OR 연산자를 이용해 어떤 명제의 참 또는 거짓을 판단해. 참과 거짓이라는 이분법은 1과 0으로 표현할 수 있기 때문에 전류의 온과 오프 상태로도 쉽게 변환할 수 있어. 1937년, 전기 공학자 클로드 섀넌은 불 논리 명제를 온/오프 스위치가 있는 물리적인 전기 회로로 나타낼 수 있다고 생각했어. 이걸 가리켜 논리 게이트라고 해. 섀넌은 디지털 회로 설계의 창시자로 알려져 있어.

물이 배관을 통과하듯이 전기가 컴퓨터 회로의 논리 게이트를 통과하고, 온/오프 스위치는 수도꼭지처럼 전기의 흐름을 조종해. 논리 게이트는 1과 0으로 표현되는 전기 신호를 조작하는데, 이 단순한 논리 게이트들이 서로 결합해 컴퓨터 칩 내부의 복잡한 아키텍처를 구성하는 거야.

불 대수의 기본 연산 세 가지

NOT — 논리 부정 연산이야.
입력이 참이면 출력은 참이 아니야. (거짓이야.) 반대의 경우도 마찬가지야.

진리표 1 = 참 0 = 거짓

입력	출력
1	0
0	1

AND — 논리곱 연산이야.
두 개의 입력이 모두 참일 때만 출력이 참이야.

입력 A	입력 B	출력
0	0	0
0	1	0
1	0	0
1	1	1

OR — 논리합 연산이야.
두 개의 입력 중 하나라도 참이면 출력이 참이야.

입력 A	입력 B	출력
0	0	0
0	1	1
1	0	1
1	1	1

배타적 논리합(XOR), 배타적 부정 논리합(XNOR), 부정 논리곱(NAND), 부정 논리합(NOR) 등 다른 논리 연산도 있어.

논리 게이트를 나타내는 기호들

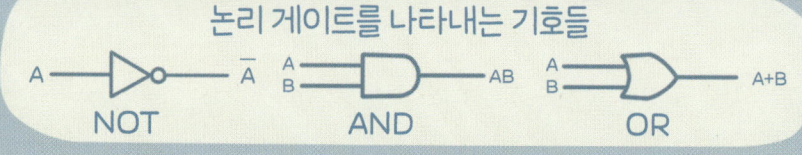

온/오프 스위치의 발전

컴퓨터는 마법이 아니야. 전기의 흐름을 조작하는 논리 게이트를 결합해 만든 기계일 뿐이지. 기술이 발달하면서 논리 게이트를 점점 더 작게 만들 수 있게 되었고, 지금은 현미경으로 들여다보아야 할 수준에 이르렀어. 논리 게이트와 온/오프 스위치가 많을수록 컴퓨터의 성능이 좋아져.

릴레이 스위치

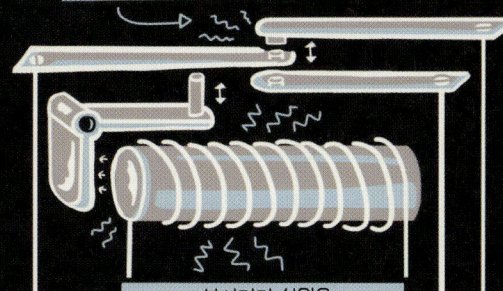

1944년에 만들어진 하버드 마크 I 같은 초기 컴퓨터에 사용되었어.

초기 컴퓨터는 물리적으로 여닫는 기계식 스위치를 사용했어.

자석으로 여닫음.

부서지기 쉬웠음.

진공관

1900년대 초반에 전파를 증폭하는 데 사용되었어.

전자의 흐름을 제어하는 진공관은 초기 컴퓨터 회로에서 온/오프 스위치로 사용되었어.

유리로 만들었기 때문에 깨지기 쉬웠음.

트랜지스터

1947년에 등장했어.

움직이는 부품이 없기 때문에 진공관보다 더 안정적이고 효율적이야.

회로 기판

트랜지스터

반도체 물질은 독특한 성질을 가지고 있어서 증폭기나 전기의 온/오프 스위치로 사용할 수 있어.

회로의 분리된 각 구성 요소를 개별 소자라고 하는데, 트랜지스터를 비롯한 이 회로의 소자들은 납땜으로 기판에 고정해야만 해. 그래서 이 시기 컴퓨터는 크기가 컸고, 쓸 수 있는 트랜지스터 양에도 한계가 있었어.

집적 회로가 이 문제를 해결했지!

집적 회로, 또 다른 이름으로는 컴퓨터 칩!

집적 회로는 1958년에 만들어졌어. 회로의 개별 소자를 하나의 반도체 물질에 새겨 넣은 거지.

요즘은 컴퓨터 칩을 광 식각이라고 불리는 방법으로 만들어.

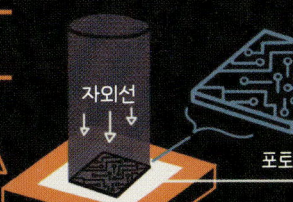

자외선

칩 설계도

포토마스크

렌즈

트랜지스터는 점점 더 작아지고 있어!

포토레지스트 화합물로 처리된 실리콘 웨이퍼

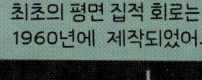

최초의 평면 집적 회로는 1960년에 제작되었어.

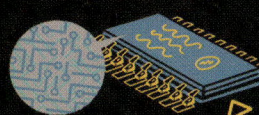

오늘날의 집적 회로에는 2나노미터 정도로 작은 트랜지스터가 수십억 개 집적되어 있어.

DNA 한 가닥이 2나노미터야.

기억 장치와 저장 장치

컴퓨터는 두 가지 방법으로
정보를 저장하고 처리해.

기억 장치

메모리라고도 부르는데, 데이터를 임시로 저장하는 장치야. RAM은 속도가 빠른 메모리인데, 어떤 데이터든 처리를 하려면 CPU가 접근할 수 있도록 RAM에 로드되어야 해. RAM은 휘발성 메모리라서 컴퓨터를 끄면 데이터가 사라져. 따로 저장하지 않은 새 문서를 작성하다가 갑자기 컴퓨터가 꺼지면 문서도 같이 사라지는 건 바로 이 이유야.

저장 장치

스토리지라고도 부르는데, 데이터를 장기적으로 저장하는 장치야. 컴퓨터를 끄더라도 스토리지에 저장된 데이터는 그대로 남아 있어. 이런 특징을 비휘발성이라고 해. 사진을 하드 드라이브에 저장하잖아. 이때 하드 드라이브는 스토리지 역할을 하는 거야. 저장 장치에는 여러 종류가 있어. 읽기 전용 메모리인 ROM도 그중 하나야. 컴퓨터를 켤 때 필요한 프로그램들이 ROM에 저장돼.

컴퓨터는 여러 종류의 기억 장치와 저장 장치를 쉴 새 없이 사용해. RAM 같은 단기 기억 장치는 속도가 빠른 대신 비싸. 하드 드라이브 같은 장기 기억 장치는 덩치가 크고 속도가 느린 대신 저렴하지.
기술이 발전하면서 이 둘의 성능이 서로 뒤섞이고 있어. 컴퓨터를 만들 때는 가격과 속도, 크기 등을 고려해야 하는데, 요즘은 다양한 메모리와 스토리지 기술이 합쳐져 합리적인 가격에 성능이 우수한 컴퓨터가 만들어지고 있어.

데이터의 저장 단위

비트 는 가장 작은 단위야.

하나의 1 또는 0을 비트라고 해.
데이터는 이 비트가 나열되는 형태로 저장돼.

바이트 (B)는 비트 8개를 묶은 단위야.

1과 0을 여러 배열로 조합해 알파벳 A나
숫자 5, 기호 % 등을 나타낼 수 있어.

킬로바이트 (KB)는 대략 1,000바이트야.

이 페이지에 있는 글의 데이터가 300KB 정도 돼.

메가바이트 (MB)는
대략 1,000,000바이트야.

1분짜리 오디오 파일이 1MB 정도 돼.

기가바이트 (GB)는
대략 1,000,000,000바이트야.

SD 화질인 30분짜리 영화가 1GB 정도 돼.

테라바이트 (TB)는
1,000,000,000,000바이트야.

1TB는 12메가픽셀짜리 사진을
30만 장 정도 담을 수 있는 크기야.

기억 장치와 저장 장치의 역사

메모리와 스토리지의 속도, 크기, 가격은 시간이 흐르면서 크게 개선되었어. 휴대용 저장 장치는 커다란 천공 카드 뭉치에서 자기 플로피 디스크로, 다시 플래시 기반 칩으로 진화했어. 그중 몇 가지를 소개해 줄게.

종이 천공 카드와 천공 테이프

싸지만 매우 느린 읽기 전용 기억 장치야.

1700년대 직조기에 사용하기 위해 만들어졌고, 1980년대에는 컴퓨터에 사용되기 시작했어.

자기 테이프

1930년대 오디오 녹음에 쓰였어.

1951년 처음으로 컴퓨터에 사용되었어.

자기 코어 메모리

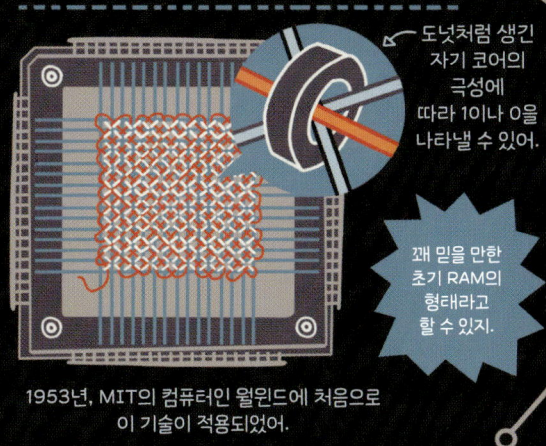

도넛처럼 생긴 자기 코어의 극성에 따라 1이나 0을 나타낼 수 있어.

꽤 믿을 만한 초기 RAM의 형태라고 할 수 있지.

1953년, MIT의 컴퓨터인 월윈드에 처음으로 이 기술이 적용되었어.

하드 디스크 드라이브

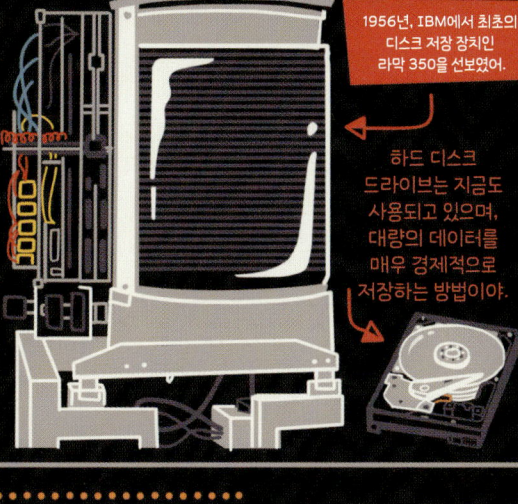

1956년, IBM에서 최초의 디스크 저장 장치인 라막 350을 선보였어.

하드 디스크 드라이브는 지금도 사용되고 있으며, 대량의 데이터를 매우 경제적으로 저장하는 방법이야.

D-RAM 칩

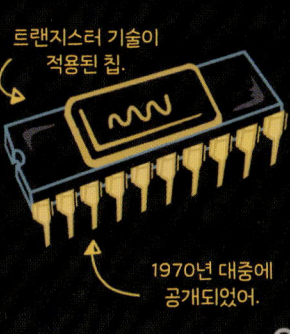

트랜지스터 기술이 적용된 칩.

1970년 대중에 공개되었어.

플로피 디스크

휴대가 가능한 자기 저장 장치야.

1970년부터 1990년대까지 폭넓게 사용되었어.

광학 스토리지

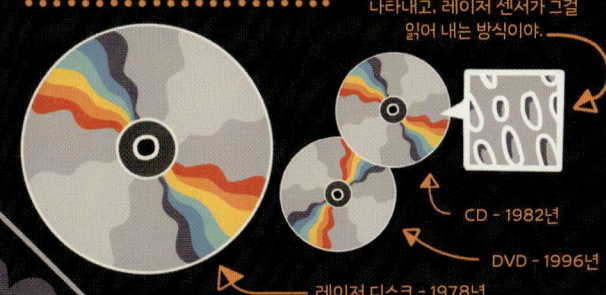

디스크에 미세한 홈을 내 1과 0을 나타내고, 레이저 센서가 그걸 읽어 내는 방식이야.

CD - 1982년
DVD - 1996년
레이저 디스크 - 1978년

플래시 메모리

1980년대 초반에 만들어졌어.

비휘발성 메모리야. 데이터를 삭제하거나 다시 쓸 수 있고, 반복적인 프로그래밍이 가능해.

클라우드 스토리지

클라우드는 하드 드라이브와 초고속 프로세서가 어마어마하게 쌓여 있는 데이터 센터를 가리키는 말이야.

저장 끝!

사람들은 인터넷을 통해 클라우드 스토리지에 데이터를 올리거나 내려받아.

비디오 게임

20세기 중반부터 만들어지기 시작한 비디오 게임은 컴퓨터 과학의 발전에 큰 역할을 했어. 1948년에서 1951년 사이 미군은 월윈드라는 비행 시뮬레이터를 개발했는데, 이때 최초의 온스크린 그래픽 인터페이스를 만들었어. 이 최첨단 기술로 뭘 했을까? 비디오 게임을 만들었지! 물론 아주 단순한 게임이었어. 공 모양 불빛을 움직이는 구멍에 내려앉게 하는 게임이었거든. 이후로 비디오 게임은 그래픽이나 네트워크를 비롯한 다양한 컴퓨터 기술의 진보를 이끌어 냈어.

오리건 트레일 — 1971

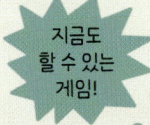

지금도 할 수 있는 게임!

개척자의 삶을 체험해 볼 수 있는 학습 게임이야.

OXO (이른바 틱-택-토) — 1952

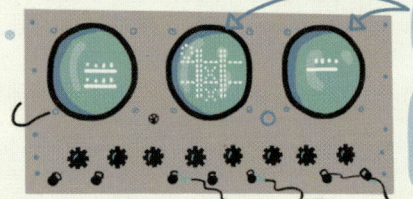

음극선관 화면

케임브리지 대학의 전자 계산 기계로 프로그래밍되었어.

스페이스워! — 1962

최초의 멀티플레이어 컴퓨터 게임!

MIT의 학생들이 PDP-1 컴퓨터로 만들었어.

라이트 펜

아타리 퐁 — 1972

대중적으로 성공한 최초의 아케이드 게임!

아타리라는 게임 회사의 놀란 부쉬넬과 알 알콘이 개발했어.

비디오 게임의 시대를 열었지.

브라운 박스 — 1967

만든 사람 랄프 H. 베어

최초의 가정용 TV 비디오 게임 프로토타입!

이후에 상업용 콘솔인 오디세이로 개발되었어.

아타리 2600 — 1977

조이스틱

교체형 카트리지

TV에 연결할 수 있었고, 8비트 마이크로프로세서가 장착되어 있었어.

풀 컬러로 즐기는 게임!

팩맨 1980

일본의 비디오 게임 개발자 이와타니 토루가 만들었어.

가장 많이 팔린 아케이드 게임이 되었지.

닌텐도 엔터테인먼트 시스템 1985

80년대 중반 출시된 닌텐도는 미국의 게임 산업을 부흥시켰어.

닌텐도 게임보이 1989

카트리지

인기가 엄청났던 휴대용 전자 게임이야. 카트리지를 교체할 수 있어.

1억 대 이상 판매되었대.

마이크로소프트 엑스박스 2001

후훗, 초보들은 내 상대가 아니야!

2005년에는 수백만 명의 게이머가 엑스박스로 뛰어난 그래픽의 온라인 게임을 즐기게 되었지.

마이크로소프트는 시각적으로 훌륭한 게임을 만들기 위해 엔비디아와 협업하여 GPU를 설계했어.

월드 오브 워크래프트 2004

PC로 하는 게임이야.

안녕, 길드! 시작해 보자고!

전 세계 사용자가 동시에 접속하여 함께 퀘스트를 수행하는 온라인 롤플레잉 게임.

닌텐도 위 2006

플레이어의 신체 움직임을 실시간으로 인식하고, 그걸 그대로 게임에 반영해.

동작 감지 리모컨

포켓몬 고 2016

모조리 잡아야지!

증강 현실을 이용한 게임!

전 세계 사용자들이 자신의 휴대폰으로 게임에 접속해 포켓몬을 잡고 다녔어.

가상 현실 2016

가상 현실 디스플레이 장치가 처음 개발된 건 1967년이었어. 컴퓨터 그래픽의 선구자인 아이번 서덜랜드가 머리에 쓰는 형태의 프로토타입을 만들었지.

2016년에 이르러서는 수많은 회사에서 합리적인 가격의 가상 현실 헤드셋을 출시하고 있어.

인공 지능과 로봇

인공 지능이란 무엇일까?

인공 지능(AI)과 기계 학습은 컴퓨터 과학에서 큰 부분을 차지하는 분야야. 컴퓨터가 알고리즘이라는 단계별 명령을 기반으로 '훈련 데이터'를 분석해서 스스로 학습하는 거지. 충분한 데이터가 쌓이면 컴퓨터는 수학 모델을 만들어 새로운 데이터를 처리할 수 있게 돼. 사람도 뭔가를 배울 때는 연습이 필요하잖아. 인공 지능도 마찬가지야. 인공 지능을 개발하기 위해서는 방대한 양의 학습용 데이터와 강력한 성능의 컴퓨터가 필요해. 인공 지능 역사에서 흥미로운 순간들을 소개해 줄게.

IBM이 만든 슈퍼컴퓨터 딥 블루가 세계 챔피언인 가리 카스파로프와의 체스 대결에서 이겼어.
1997
체크메이트!

2009 이미지넷

대규모 크라우드소싱 시각화 데이터베이스야. 기계 학습을 지원하고 인공 지능 연구를 활성화하기 위해 사람들이 이미지에 주석을 달았어.

컴퓨터 과학자인 페이페이 리의 제안으로 시작되었어.

인공 지능의 역사적 순간들

1965 덴드럴 인공 지능 프로그램

분자 구조를 식별하기 위해 만든 인공 지능 모델이야. 최초의 '전문가 시스템'으로 인정받고 있어.

퀴즈 쇼에서 우승한 IBM의 왓슨 — 2011

켄 / 왓슨 / 브래드

왓슨은 100여 가지가 넘는 기술로 자연어를 해석하고 출처를 파악해 정답을 도출해 냈어. 그렇게 우승 경력이 있는 두 명의 참가자를 제쳤지.

1966 일라이자

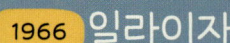

사용자가 컴퓨터와 대화할 수 있었음.

일라이자는 최초의 '챗봇'이라고 할 수 있어.

요제프 바이첸바움이 MIT에서 일할 때 초기 자연어 처리 컴퓨터 프로그램을 만들었는데, 그게 바로 일라이자야.

2015 알파고

인공 지능 알파고가 유럽의 바둑 챔피언을 이겼어.

바둑에는 우주의 원자 개수보다 더 많은 수가 있다고 해.

2018 구글 듀플렉스

안녕하세요! 무엇을 도와드릴까요?
오늘 밤 저녁 식사 예약하고 싶어. 인원은 두 명이야.
9시 괜찮으신가요?

듀플렉스는 인공 지능 비서야. 대화하듯 자연스럽게 식당 예약을 지시할 수 있어.

로봇이란 무엇일까?

로봇은 컴퓨터나 전문 프로그램의 지시에 따라 몸을 움직이는 기계를 말해. 로봇은 사람이 하기에는 너무 지루하거나 위험한 공장 작업 같은 걸 대신할 수 있어. 로봇과 자동화가 물건의 가격을 낮추는 데는 도움이 되었지만, 산업 혁명 때처럼 많은 사람이 일자리를 잃기도 했어. 단순한 동작만 반복 수행하는 로봇도 있고, 인공 지능을 탑재해 좀 더 복잡한 지시를 따르는 로봇도 있어. 로봇 역사에서 중요한 사건들을 소개해 줄게.

세계 박람회에 등장한 일렉트로 — 1939

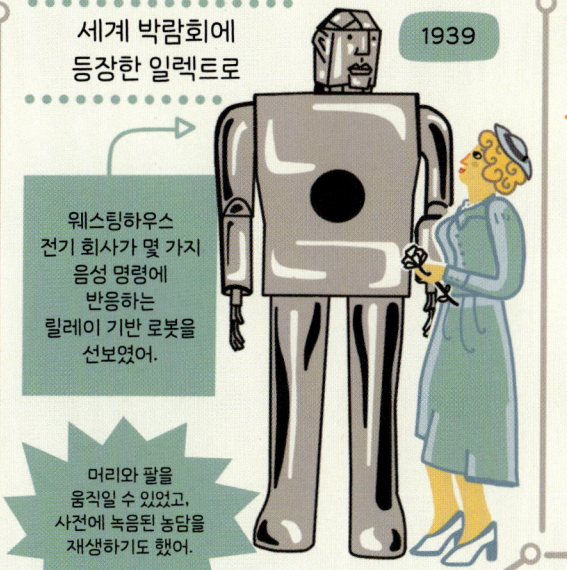

웨스팅하우스 전기 회사가 몇 가지 음성 명령에 반응하는 릴레이 기반 로봇을 선보였어.

머리와 팔을 움직일 수 있었고, 사전에 녹음된 농담을 재생하기도 했어.

자동 프로그램 도구 (APT) — 1959

APT로 만든 재떨이.

APT는 밀링 머신의 조작을 지원하는 컴퓨터용 프로그램이야.

유니메이트 — 1961

최초로 대량 생산된 산업용 로봇이야. 제너럴 모터스에 배치되었어.

쉐이키 로봇 — 1970

SRI 인터내셔널의 쉐이키는 인공 지능을 적용한 최초의 이동형 로봇이야.

혼다의 아시모 — 2000

아시모는 인간을 닮은 인간형 로봇이야. 휴머노이드 로봇이라고도 불러.

걷고, 얼굴을 알아보고, 계단을 오르고, 위험을 인지하고, 음성 명령에 반응할 수 있어.

룸바 — 2002

이 로봇 진공청소기는 방의 구조를 파악하고 장애물을 감지할 수 있어.

다르파 그랜드 챌린지 — 2005

2005년, 스탠퍼드 대학의 자율 주행 자동차가 무인 자동차 경주 대회인 다르파 그랜드 챌린지에서 우승했어. 인간의 개입 없이 120킬로미터의 사막 구간을 7시간 만에 완주했어.

최초의 상업용 자율 주행 드론 — 2013

집으로 돌아와!

DJI 팬텀 드론은 자율 주행 기능을 갖춘 최초의 상업용 드론이야.

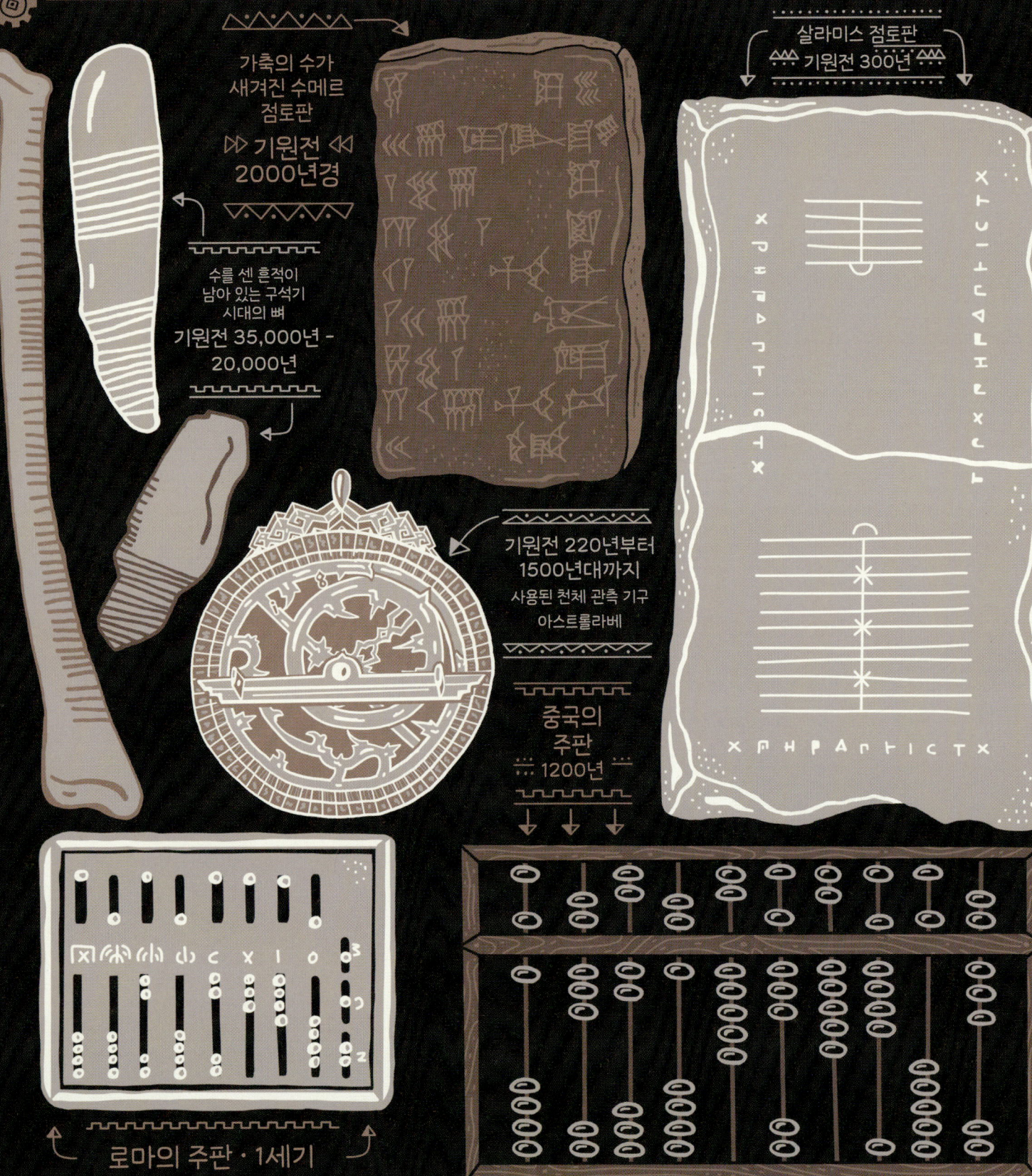

고대 문명

기원전 25,000 – 기원후 1599

숫자 세기와 계산

아주 오래전 얘기부터 해 볼까? 전자식 컴퓨터는 상상도 할 수 없었던 옛날 말이야. 그때도 사람들은 계산이란 걸 했어. "아기가 전부 몇 명이지?" "양이 모두 몇 마리지?" 이런 문제는 간단한 수학으로도 해결되었지. 그렇지만 사회가 커지면서 더 복잡한 계산이 필요하게 되었어. 고대 제국들은 엄청나게 큰 건축물을 남기곤 했는데, 마야의 피라미드나 기자의 스핑크스, 로마의 콜로세움이 대표적인 예야. 이런 문명을 이룩하기 위해서는 암산만으로는 불가능한 계산 능력과 데이터 기록 기술이 있어야 해. 세계 곳곳에서 계수판이나 주판 같은 도구가 여러 형태로 만들어졌고, 사람들은 이 도구를 이용해 자신의 지적 능력을 뛰어넘는 계산을 할 수 있게 되었어. 숫자를 기록하고 보관하는 방법이 개발되었고, 별자리와 시간을 알려주는 장치가 만들어졌어. 새로운 기술은 농부나 상인부터 나라를 운영하는 관료에 이르기까지 폭넓게 사용되었어. 상거래가 늘어나면서 수학에 관한 연구도 활발해졌어. 고대의 학자와 발명가는 스스로 움직이고 음악을 연주하는 로봇을 만드는 꿈을 꾸기도 했어.
이러한 과거의 모습이 지금과는 꽤 다르다고 느낄 수도 있지만, 예나 지금이나 기술은 인간의 사고 능력을 향상하고, 더 큰 꿈을 꿀 수 있게 해 준다는 점에서 똑같아.

연대표

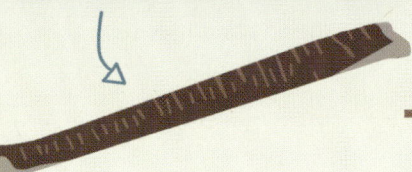
29개의 홈이 파여 있는 개코원숭이의 종아리뼈. 에스와티니의 산맥에서 발견되었어.

기원전 35,000년경

레봄보 뼈

고고학자들이 길쭉한 홈이 파여 있는 동물의 뼈를 발견했어.
이 홈은 선사 시대에 수를 세고 기록하는 방법이었대.
레봄보 뼈는 가장 오래된 수학 관련 유물이라고 할 수 있어.

기원전 300년

바빌로니아의 없음 자리

바빌로니아 사람들은 주판에
쐐기 두 개를 비스듬하게 새겨
빈자리를 나타냈어. 숫자 0을 나타낸 것은
아니었고, 구두점처럼 사용되었어.

기원전 300년

살라미스 점토판

그리스에서 발견된 이 계수판은
가장 오래된 계산 장치라고 할 수 있어.
현대적인 주판의 선조쯤이라고 생각하면 돼.

500년 - 600년

인도-아라비아 숫자

우리가 지금 사용하고 있는 자리 기반 십진수 체계는 인도에서 기원했어.
기호를 사용해 0에서 9까지의 숫자를 나타내지.
인도-아라비아 숫자는 수학적으로 큰 도약이었어.
주판 없이 펜과 종이만 가지고도 계산을 할 수 있게 되었거든.

기원전 2500년

수메르의 주판

역사가들에 따르면 메소포타미아의 수메르 사람들이 주판을 처음으로 만들었대. 납작한 돌에 가로로 길게 홈을 판 다음, 거기에 조약돌 같은 걸 놓아서 수를 나타냈어.

기원전 475년

> 대나무나 상아, 쇠로 만든 산가지를 평평한 판 위에 놓는 거야.

중국의 산가지

산가지는 막대를 일정한 방법으로 늘어놓아 숫자를 계산하는 방법이야. 중국에서 전국 시대 초엽부터 상인이나 천문학자, 국가 관리가 이 계산법을 썼지. 덧셈과 뺄셈, 곱셈과 나눗셈을 빠르고 효율적으로 할 수 있었다고 해.

기원전 150년

안티키테라 기계

고대 그리스에서 발견된 장치 중 가장 복잡한 기계로, 해와 달의 움직임을 계산하는 데 쓰였다고 해. 톱니바퀴들로 구성된 기계에 불과하지만, 많은 역사가들이 이 기계를 '최초의 컴퓨터'라고 생각해.

기원전 114년 - 1450년

실크 로드

실크 로드는 유럽과 중동, 동남아시아와 동아프리카를 잇는 방대한 교역로야. 실크 로드를 통해 물건뿐만 아니라 사상이나 철학까지 교류하게 되면서 수학과 과학이 눈에 띄게 발전했어.

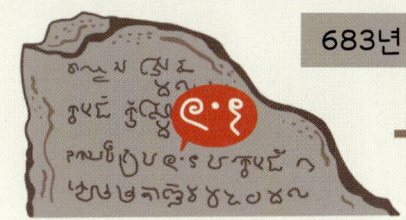

683년

최초의 0

K-127은 0이 등장하는 가장 오래된 유물이야. 캄보디아에서 발견된 이 비석에는 옛 크메르 언어로 이렇게 쓰여 있어. "하현달이 뜨고 5일째 되는 날, 샤카 시대 605년이 되었다."

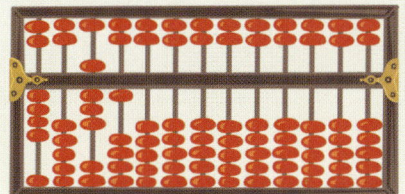

1200년

주판

중국 주판에 관한 기록은 190년까지 거슬러 올라가. 산반이라고도 불리는 이 현대적인 주판은 1200년쯤에 개발되었고, 구슬이 5+2 형태로 배열되어 있는 것이 특징이야. 지금도 전 세계에서 사용되고 있어.

역사 이야기

컴퓨터의 역사는 사람들이 수를 세기 시작한 문명의 태동기에서 출발해. 아주 오래전 우리 조상들은 사물의 수를 하나, 둘, 많이, 이렇게 세 가지로만 구분했어. 그러다가 손가락 또는 발가락을 사용해 수를 세기 시작했고, 작은 부족이 큰 부족으로 성장함에 따라 손가락만으로는 수를 세기 힘들어졌어. 이후 사람들은 바위에 그림을 그리거나 조약돌을 모으거나, 매듭을 묶거나, 막대기 또는 동물의 뼈에 홈을 파는 식으로 수를 세었어. 물론 이밖에도 다양한 방식이 사용되었어. 역사가들은 선사 시대 사람들이 염소나 부족민의 숫자 등 모든 것을 기록했을 거라고 추측하고 있어.

지금 우리가 쓰는 수 체계는 10을 기반으로 만들어졌어. 인간은 아주 오래전부터 손가락 10개를 이용해 수를 세 왔기 때문이지.

그래서 숫자를 뜻하는 디짓(digit)이라는 단어에는 '손가락'이라는 뜻이 포함되어 있어.

'주판'을 뜻하는 영어 단어 'abacus'는 석판을 의미하는 그리스어 'abax'에서 유래되었어.

최초의 계산용 도구

부족 공동체가 도시와 제국으로 성장하면서 계산과 자료 기록의 필요성 또한 커졌어. 상인은 상품의 판매량과 재고를 관리해야 했고, 군 지휘자는 싸울 수 있는 병사의 수를 계산해야 했어. 정부는 그해 수확량이 얼마인지, 세금을 얼마나 징수해야 하는지 알아야 했고, 도시 설계자와 기술자는 수로가 얼마나 긴지, 다른 기반 시설의 세부 사항은 어떻게 되는지 알아야 했어. 이런 계산을 위해 도구가 만들어졌지.

여기서 한 가지 알아 두어야 할 것이 있어. 고대나 중세의 역사를 제대로 파악하는 건 무척 힘들다는 사실이야. 과거에 대한 우리의 지식은 남아 있는 유물에 의존할 수밖에 없거든. 구전되던 지식이나 나무같이 썩는 재료로 만들어진 발명품들, 그리고 전쟁이나 침략으로 파괴된 유물이나 기록 등 대부분의 고대 역사는 이미 사라지고 없어.

숫자를 체계적으로 나타내기 위해 고안된 최초의 도구인 주판은 기원전 2500년경 메소포타미아 수메르 사람들이 발명했다고 역사가들은 생각하고 있어.

수메르의 주판은 60을 기반으로 만들어졌어.

그래서 60초가 1분이 된 거야.

아스트롤라베는 고대 그리스 시대부터 6세기까지 사용되었던 아날로그 방식의 계산기야. 별의 위치를 계산해 뱃사람들의 항해를 도왔어.

수메르의 주판은 지금의 주판과는 모양이 크게 달랐어. 납작한 나무, 점토, 돌에 가로줄이 여럿 나 있는 형태의 계수판이었어. 여기에 자갈이나 막대기를 올려 값을 나타냈어. 이 계수판 이전에는 모랫바닥이나 흙바닥에 계수용 표를 그려 사용했어. 수메르의 주판은 바닥에 그린 표보다 더 견고하고 체계적이었어. 이러한 계수판과 주판은 세계 곳곳에서 여러 형태로 개량되었고, 큰 수의 덧셈과 뺄셈, 곱셈과 나눗셈을 효율적이고 빠르게 할 수 있게 해 주었어.

고대 로마에서는 상인이나 기술자, 세금 징수관이 휴대용 주판을 들고 다녔대. 1세기쯤에 사용되었을 것으로 보이는 휴대용 주판이 발견되기도 했지. 고대 중국에서는 주판 대신 상아나 대나무, 쇠 등으로 만든 산가지를 가방에 넣고 다녔어. 산가지는 기원전 475년 즈음부터 1500년대까지 널리 사용되었어.

고대의 숫자

아즈텍	기호	○	▯	🌿	🏺		
	값	1	20	400	8,000		
수메르	기호	𒁹	𒌋	𒐕	◇	◇𒁹	◇𒌋
	값	1	10	60	360	3,600	36K	216K
로마	기호	I	V	X	L	C	D	M
	값	1	5	10	50	100	500	1,000
이집트	기호	|	∩	𓏲	𓆼	𓂭	𓆐	𓁀
	값	1	10	100	1,000	10K	100K	1MIL

십진수 체계

수학은 6세기에서 7세기 무렵 인도에서 크게 발전했어. 이때 인도-아라비아 숫자가 만들어졌거든. 인도-아라비아 숫자는 이전의 수 체계와는 달리 0에서 9까지를 나타내는 기호가 따로 있었는데, 이는 십진법의 위치 표기법을 위해 만들어진 거야. 이때부터 사람들은 종이에 숫자를 써서 빠르게 계산할 수 있게 되었어. 대수와 로그 같은 현대 수학의 문이 열린 거지. 교역이 활발해지면서 수학적 개념이나 기술 또한 함께 전파되었고, 12세기에는 인도-아라비아 숫자가 유라시아 전역에 널리 퍼졌다고 해. 특히 중동 지역에서 이 숫자 체계를 활발히 사용했는데, 그래서 아라비아 숫자라는 이름이 붙은 거야.

고대의 자동 기계

고대의 많은 기술자, 철학자들이 자동으로 움직이는 기계나 마음대로 조종할 수 있는 기계, 그러니까 프로그래밍 가능한 기계를 만들고 싶어 했어. 60년에 알렉산드리아의 헤론은 정교한 기계 장치에 관한 설계도를 남겼는데, 끈과 도르래와 추로 구성된 장치를 '프로그래밍'하여 움직이는 수레였어. 헤론은 또한 자동판매기를 최초로 고안한 사람으로도 알려져 있어. 동전을 넣으면 성수가 자동으로 나오게 만든 장치였지.

중동에서는 지혜의 집(이른바 바그다드의 대도서관)에서 일하던 발명가들이 로봇을 만들고 싶어 했어. 1206년 이스마일 알-자자리는 《기발한 기계 장치에 관한 지식의 서》라는 책을 썼어. 그는 이 책에서 여러 기계를 묘사했는데, 그중에는 왕실 연회에서 손님들을 즐겁게 해 주기 위한 목적으로 고안된 뮤직 박스도 있었어. 작은 배 위에 자동인형 음악대가 놓여 있는 형태였지.

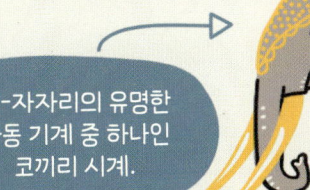

알-자자리의 유명한 자동 기계 중 하나인 코끼리 시계.

이 시대의 영향

주판이나 인도-아라비아 숫자 같은 기술과 발명은 인류 전체의 도약이었어. 필요에 따라 기술이 생겨나고, 그 기술로 인해 인류는 더 복잡한 문제를 해결할 수 있게 되었지. 그러한 과정이 역사를 통해 반복되어 왔던 거야.

이집트 알렉산드리아의 도서관이나 바그다드의 지혜의 집은 고대 수학과 과학의 중심지였어.

중세 유럽에서는 주판이 세금 계산에 활용되었어.

중요한 발명들

스키테일 암호 · 기원전 700년

요즘 군대처럼 고대 제국에서도 메시지를 보낼 때는 암호를 사용했어. 적에게 발견되더라도 내용을 알 수 없게 해야 했으니까. 고대 그리스의 스파르타는 스키테일이라는 암호를 개발해서 사용했어.

스키테일은 원통형 막대를 뜻하는 단어야. 메시지를 주고받는 사람이 똑같이 생긴 나무 막대기 두 개를 하나씩 나눠 갖는 거지. 메시지를 보내는 사람은 양피지 두루마리를 이 원통형 막대에 둘둘 감은 다음 글을 써. 그런 다음 양피지를 풀어서 빈자리에 다른 글자를 아무렇게나 채워 넣어. 원래 내용을 알 수 없게 말이야. 메시지를 받은 사람은 양피지 두루마리를 자기가 가지고 있던 스키테일에 다시 둘둘 말아. 그러면 원래 내용이 보이겠지? 스키테일은 가장 오래된 암호화 장치라고 할 수 있어.

암호는 스키테일 이전부터 사용되었어. 고대 이집트, 메소포타미아, 고대 유다 왕국 등에서 암호가 사용된 사례가 발견되었거든. 스키테일은 암호를 위해 고안된 최초의 장치라는 점에서 의미가 있는 거야.

막대기의 지름이 일종의 암호화 키가 되는 거지.

키푸 · 1400년-1532년

안데스 고원을 지배하던 잉카 제국은 한때 인구가 1,200만 명에 이르렀다고 해. 그만큼 수집하고 기록해야 할 자료도 많았겠지. 역사가들은 이들이 통계, 인구 조사, 사건 기록, 달력, 서신 교환 등의 목적으로 결승 문자 즉 키푸라는 것을 사용했다고 생각해. 키푸는 엄청나게 복잡한 회계 도구였어. 여러 가지 색으로 된 면실을 다양한 방법으로 묶어 내용을 나타냈지.

안데스산맥의 건조한 기후 덕분에 남아 있는 키푸는 보존 상태가 매우 좋아. 그렇지만 다른 고대 중남미 문명과 마찬가지로 키푸에 대해서도 알려진 것이 많지 않아. 그래도 키푸가 수학을 바탕으로 한 독창적인 기록 장치였다는 것, 관료들이 광범위하게 사용했다는 것만큼은 확실하지.

각기 다른 매듭의 형태와 위치와 색깔이 숫자를 나타내고 있어.

안티키테라 기계 · 기원전 150년

1901년 그리스의 안티키테라 섬 해안에서 해면을 채취하던 잠수부가 조각상과 유물로 가득한 난파선을 발견했어. 기원전 150년에 침몰한 것으로 추정되는 배였지. 유물 중에는 부식이 심한 진흙투성이의 녹색 금속 조각이 있었어. 사람들은 이 금속 조각을 안티키테라 기계라고 불러. 1970년대와 1990년대, 역사가들은 엑스선을 이용해 이 금속 유물이 단순한 고철 덩어리가 아니라 고대 기술의 일부라는 사실을 밝혀냈어. 2006년에는 컴퓨터 단층 촬영 기술을 이용해 그 속에 숨어 있던 비문과 복잡한 톱니바퀴 구조를 찾아냈어. 안티키테라 기계는 지금까지 발견된 고대 유물 가운데 가장 정교한 장치라고 할 수 있어. 앞으로도 이 기록은 쉽게 깨지지 않을 거야.

안티키테라의 손잡이를 돌리면 기계 내부의 청동 톱니바퀴들이 서로 맞물려 돌아가면서 천문 현상, 달의 위상과 주기, 일식과 월식, 하지와 동지, 올림피아 제전의 시기 등을 알려 줘. 역사가들은 고대 그리스 사람들이 이 기계를 파종 계획, 종교적 점성술, 과학 연구, 군사 전략 등을 위해 사용했을 거라고 생각해.

세계의 주판

주판의 기본 구조

빠르게 계산해야 할 때 지금의 주판을 닮은 계수판 같은 도구가 수 세기 동안 사용되었어. 문화권마다 주판알의 배열은 조금씩 달랐지만 기본 구조는 같아. 대개 막대는 자릿수를, 주판알은 숫자를 나타내. 주판알을 왼쪽이나 오른쪽 또는 위나 아래로 밀어서 합계나 올림수 등을 나타낼 수 있어.

단순한 100알 주판의 예

가로 막대는 자릿수를 나타내.

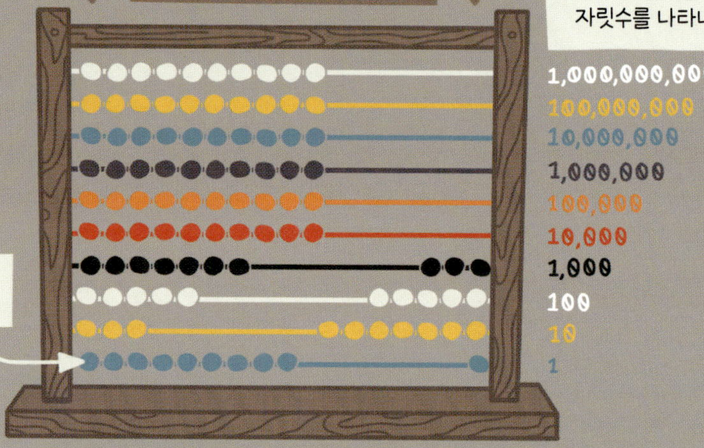

1,000,000,000
100,000,000
10,000,000
1,000,000
100,000
10,000
1,000
100
10
1

주판알 하나는 1을 의미해.

지금 이 주판은 3,571이라는 값을 나타내고 있어.

로마의 휴대용 주판 · 1세기

최초의 휴대용 주판으로 고대 로마의 상인이나 관리, 기술자가 사용했어.

로마의 휴대용 주판은 12진법을 따랐어. 로마의 1파운드가 12온스였거든.

금속판에 홈이 나 있고, 이 홈을 따라 주판알을 움직였어.

네포후알친친 · 900년-1000년

네포후알친친은 메소아메리카에서 쓰던 주판이야. 13개의 막대에 주판알이 7개씩 달려 있지. 총 91개의 주판알을 여러 형태로 배열하여 계절, 옥수수 수확 철의 일수, 임신 일수, 일 년 일수 등을 나타냈어. 스페인 식민지 시절 중미의 고대 유물들이 많이 파괴된 탓에 지금은 네포후알친친에 관한 기록만이 남아 있어.

네포후알친친을 묘사한 고대 마야 유물들이 발견되었어.

이 주판은 손목에 찰 수 있는 팔찌 형태였다고 해.

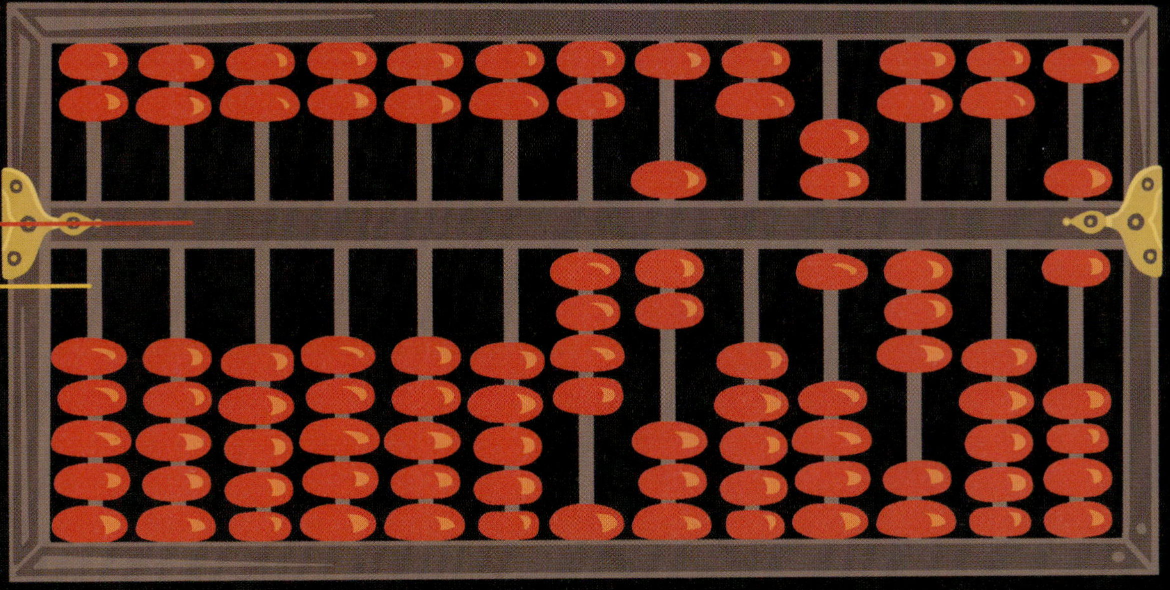

위 칸(하늘)의 알은 숫자 5를 의미해.

가름대

꿸대

아래 칸(땅)의 알은 숫자 1의 의미해.

각각의 꿸대는 자릿수를 의미해.

10,000,000   1,000,000   100,000   10,000   1,000   100   10   1

산반 · 1200년

주판이 언제부터 중국에서 사용되었는지는 확실하지 않아. 1200년에 현대식 중국 주판인 '5+2 산반'이 만들어졌어. 이 주판에 숙달만 되면 어떤 계산은 디지털 계산기만큼 빠르게 할 수 있어.

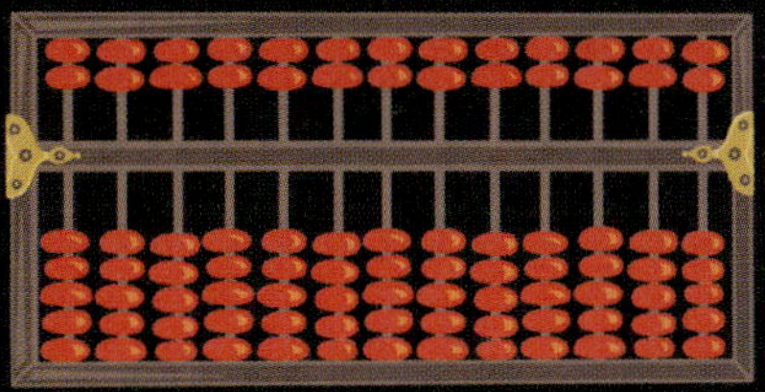

0을 나타내는 산반

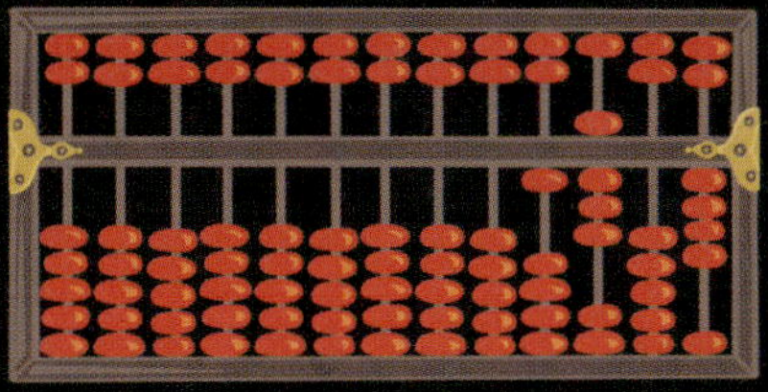

1,804를 나타내는 산반

러시아의 초티

일본의 소로반

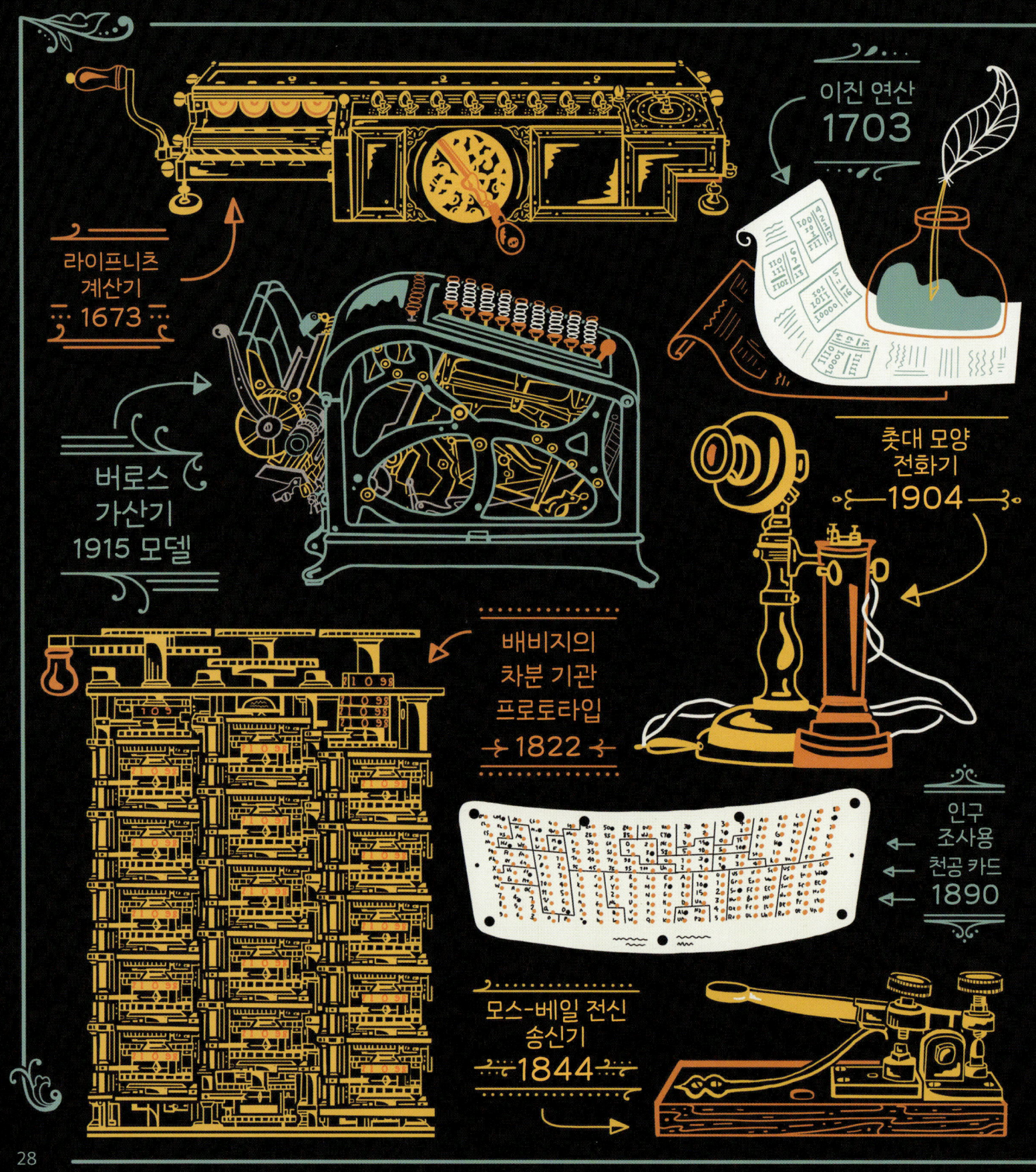

증기와 기계
1600 - 1929
계산기 그리고 컴퓨터를 향한 꿈

산업 혁명은 자동화를 통해 세상을 변화시켰어. 고대 그리스 사람들도 과열된 증기의 힘을 연구하긴 했지만, 실용적인 증기 기관은 1700년대에 와서야 비로소 만들어졌어. 제철 분야의 혁신적인 발전 덕분이었지. 증기 기관은 끓는 물의 에너지를 이용해 크랭크를 돌리는 장치야. 단순한 동작이지만 이를 자동화함으로써 각종 기계가 만들어지게 되었어. 엔진의 회전력을 직조, 양수, 제재 등에 필요한 작업으로 변환하는 기계들이야. 1820년에는 증기 기관이 공장이나 기차, 선박의 동력원이 되었어. 특히 공장에서는 노동력이 새로운 방식으로 재편되었는데, 이를 가리켜 조립 공정이라고 해. 조립 공정이란 생산에 필요한 작업을 세분화한 다음 각각의 노동자가 단순한 동작을 반복하게 하는 거야. 이렇게 하면 더 빠르고 저렴하게 제품을 생산할 수 있어. 조립 공정과 증기 기관을 통해 대량 생산이 가능해졌지.

이 시기에는 수학 또한 크게 발전했어. '인간 컴퓨터'들이 복잡한 수학 계산표를 만들기 위해 협력했는데, 조립 공정에서 육체노동을 세분화한 것처럼 정신노동도 세분화해서 큰 문제를 해결하려고 했던 거지. 반복적인 정신노동을 돕기 위한 기계도 만들어졌어. 그리고 얼마 지나지 않아 수학자들은 스스로 생각할 수 있는 기계를 꿈꾸기 시작했어.

새로운 기계 세상에서 미국은 사무용 기계 시장을 장악했어. 이진 연산과 불 대수 같은 수학적 발견은 이후 펼쳐질 전기 장치의 발명에 밑거름이 되었어. 이 시기에 있었던 수많은 발견은 컴퓨터의 역사를 바꿔 놓았어. 아직 그 잠재력이 온전하게 실현되지는 않지만 말이야. 산업 혁명은 20세기 컴퓨터 탄생에 없어서는 안 될 마중물이었던 셈이지.

연대표

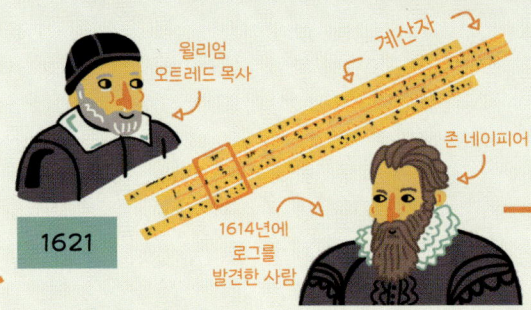

1613
컴퓨터라는 용어가 처음 사용됨

컴퓨터라는 용어가 처음으로 활자화된 건 시인이었던 리처드 브레스웨이트의 《젊은이의 수집》이라는 책에서였어. 다만 기계가 아니라 계산을 직업적으로 하는 사람을 가리킨 말이었어.

1621
계산자의 발명

윌리엄 오트레드가 발명한 계산자는 두 개의 로그 눈금으로 구성된 휴대용 기계 장치야. 1970년대 공학자들이 특정 계산을 위해 사용했어.

1760
산업 혁명의 시작

기술과 제조업의 발달은 공장 노동자라는 직업을 만들어 냈어. 사람들은 농장 생활을 접고 도시로 이주했어. 산업 혁명은 영국에서 시작되었지만, 발전기나 석탄을 연료로 하는 증기 기관 등의 발명은 전 세계를 바꾸어 놓았어.

1834
해석 기관

해석 기관은 찰스 배비지가 꿈꾸던 생각하는 기계, 즉 프로그래밍이 가능한 기계야. 최초로 작동 가능한 범용 컴퓨터를 설계한 거라고 할 수 있지. 비록 실제로 만들어진 적은 없지만, 현대적인 컴퓨터의 여러 기능들이 포함되어 있었어.

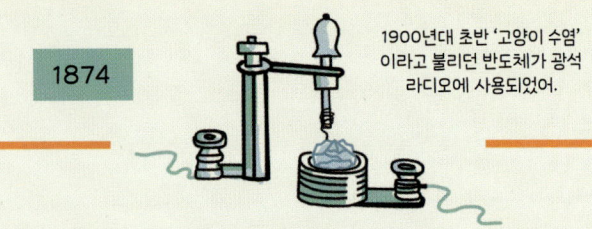

1874
반도체 다이오드의 발명

1874년에 카를 페르디난트 브라운은 방연석 결정에 가는 금속을 접촉시키면 전류가 한 방향으로 흐른다는 사실을 발견했어. 이는 전자 공학에서 아주 중요한 자리를 차지하는 반도체의 특징이라고 할 수 있어.

1876
최초의 전화 통화

알렉산더 그레이엄 벨은 최초로 전화 통화를 한 사람이야. 자신의 발명품으로 조수에게 전화를 걸어, 전기를 이용해 말을 할 수 있다는 것을 세상에 보여 주었어. 1920년대에는 미국 가정의 30퍼센트가 전화기를 가지고 있었다고 해.

1758 인간 컴퓨터가 핼리 혜성을 예측

프랑스의 수학자 세 명이 핼리 혜성의 궤도를 그려 냈어. 셋은 복잡한 수학 계산을 나눠서 처리했고, 이들의 공동 작업은 큰 성공을 거두었지. 이후 많은 정부 지원 프로젝트가 이어졌고, 대규모의 인간 컴퓨터 그룹을 조직하게 되었어.

1854 불 대수

조지 불은 〈사고의 법칙에 관한 연구〉라는 논문에서 불 대수에 대한 규칙과 논리를 설명했어. 1936년에 공학자인 클로드 섀넌은 불 대수가 컴퓨터 회로를 구성하는 논리 게이트에 적용될 수 있다고 생각했어.

1864 전신을 통한 최초의 스팸 메시지

19세기 빠른 경제 성장을 뒷받침하기 위해 곳곳에 통신선이 놓이게 되었고, 1840년대 초부터 사람들은 전신을 통해 메시지를 주고받았어. 1864년에는 치과 의사들의 광고를 담은 스팸 메시지가 처음으로 등장했어.

1904 진공관의 발명

존 앰브로즈 플레밍 경이 진공관을 최초로 발명했어. 진공관은 한 방향으로 전기를 흐르게 하는 장치야. 라디오나 텔레비전의 증폭기로 사용되었지. 수십 년 뒤, 개선된 형태의 진공관이 컴퓨터에 사용되었어.

1911 CTR의 설립

여러 문서 관리 기업이 합병하여 CTR이라는 회사가 만들어졌어. 이 회사는 1924년에 이름을 바꿨는데 그게 바로 IBM이야.

역사 이야기

이진수는 고대 중국과 이집트, 인도에서 사용되었어.

1703년 독일의 고트프리트 빌헬름 라이프니츠가 이진 연산의 규칙을 만들었어.

1838년 전신에 사용할 수 있는 모스 부호가 개발되었어.

산업 혁명 시기에 나왔던 신기술은 사람들이 일하는 방식을 바꿔 놓았어. 숙련된 제화공이나 목수가 몇 시간에 걸쳐 하던 일을 단 몇 분 혹은 몇 초 만에 할 수 있게 되었으니까. 새로운 도구의 등장과 노동력을 재편한 조립 공정 덕분이었지. 그 결과 상품의 대량 생산이 가능해졌고, 밭을 일구는 등의 전통적인 육체노동은 증기를 동력으로 하는 새 발명품에 자리를 내주게 되었어. 기계의 생산성이 늘어남에 따라 수많은 노동자와 농부가 일자리를 잃었어. 그들은 어쩔 수 없이 자신이 살던 고향을 떠나 도시의 공장 노동자가 되었지.

이 새로운 산업이 호황을 누리던 시기, 공장 노동자는 낮은 임금과 가혹한 작업 환경으로 고통받았어. 증기 기관이 적용된 운송 수단의 등장으로 세계의 교역은 바람의 방향이나 세기, 범선 등에 구애받지 않게 되었어. 19세기 후반 증기선이 운항하기 시작하면서 대량 생산 제품은 전 세계로 뻗어 나갔어. 아무리 외진 곳이라도 말이야. 이 과정에서 경제적 부가 확대되고, 그에 따라 정확한 회계와 빠른 수학적 계산에 대한 수요가 늘어났어. 사람들은 인쇄된 계산표를 사용하기 시작했어. 이걸 사용하면 같은 계산을 반복할 필요가 없었거든. 이런 계산표가 담긴 책자는 특정 알고리즘을 사용하여 함께 작업하는 인간 컴퓨터 그룹에 의해 만들어졌어. 선원을 위한 별자리표부터 공학자를 위한 삼각 함수표까지 다양한 계산표가 만들어졌고, 산업 전반에 걸쳐 이 계산표가 사용되었어. 어떤 분야든 계산이 필요할 때는 인간 컴퓨터가 만든 계산표가 큰 도움이 되었지.

차분 기관

잘나가던 말쑥한 수학자 찰스 배비지는 계산표에 오류가 있는지 확인하는 일을 맡곤 했어. 천문학자인 존 허셜과 함께 '항해력'에 필요한 별자리표도 만들었지. 그런데 배비지는 반복적이고 지루한 계산 과정이 너무 싫었어. 좌절감에 이렇게 소리치기도 했어. "신이시여! 계산도 증기 기관으로 할 수 있게 해 주소서!"

계산표를 사용하는 과정에서 일어날 수 있는 사람의 실수나 인쇄 오류는 정부의 큰 걱정이었어. 군사 기관에서 사용하는 탄도표는 뱃사람들이 사용하던 천문도만큼 중요했거든. 배비지는 여기서 기회를 포착하고, 다항식을 계산하여 인쇄까지 할 수 있는 기계를 설계했어. 이 기계가 바로 기계식 계산기인 차분 기관이야. 이 프로젝트가 마음에 들었던 영국 정부는 배비지에게 17,500파운드를 지원했어. 이 돈은 당시에 열차 엔진을 두 개나 살 수 있는 금액이었다고 해.

1832년 배비지는 자신의 설계를 입증하기 위해 차분 기관의 일부를 만들었어. 그리고 그것을 만찬회 자리에서

인간 컴퓨터

컴퓨터는 1960년대까지 직업명이었어.

앉아 있는 사람은 천공 카드 조작원이야.

서 있는 사람은 감독관이야.

17세기, 18세기, 19세기의 기계식 계산기

초기의 기계식 계산기는 만들기 힘든 제품이었어. 부자들만 쓰던 희한한 물건이었지. 그러다가 1800년대 말에 대량 생산되면서 모든 사업의 필수품이 되었어.

- 시카르트의 계산기 - 1623
- 라이프니츠의 계산기 - 1673
- 파스칼의 가산기 (파스칼라인) - 1645
- 펠트와 태런트의 컴프토미터 - 1885
- 버로스의 금전 등록기 - 1892

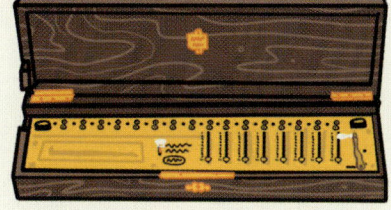

토머스 연산기 - 1850

공개하기도 했지. 그러나 안타깝게도 이런저런 이유로 차분 기관 1호는 완성되지 못했어. 무려 25,000개가 넘는 부속과 4톤이 넘는 무게를 당시 기술로는 감당하지 못했던 거야. 게다가 배비지와 기술자들의 의견 충돌도 심했다고 해. 1834년에 배비지는 차분 기관 지원금을 모두 써 버렸어. 하지만 보여줄 만한 성과는 내지 못했지. 그즈음 프로젝트는 중단되었고, 배비지는 차분 기관보다 더 나은 아이디어에 눈길을 돌렸어. 그게 바로 해석 기관이야.

해석 기관은 단순한 계산기가 아니야. 어떤 수학 문제도 해결할 수 있도록 프로그래밍할 수 있기 때문이야. 배비지는 공장에서 기계식 직조기를 천공 카드로 프로그래밍하는 것을 보고 영감을 얻었어. 천공 카드를 이용하면 기계를 프로그래밍하고, 정보를 저장할 수 있겠다는 생각을 했던 거지. 여러 기능 면에서 현대의 컴퓨터와 닮은 범용 기계였어. 배비지는 1847년에서 1849년까지 자비를 들여 해석 기관 연구를 이어 갔고, 차분 기관 2호의 설계도 계속했어. 생전에 그 기계들을 완성하지 못했지만, 해석 엔진은 프로그래밍이 가능한

찰스 배비지가 설계한 간소화된 형태의 차분 기관 2호는 2002년 런던 과학 박물관에서 마침내 완성되었어.

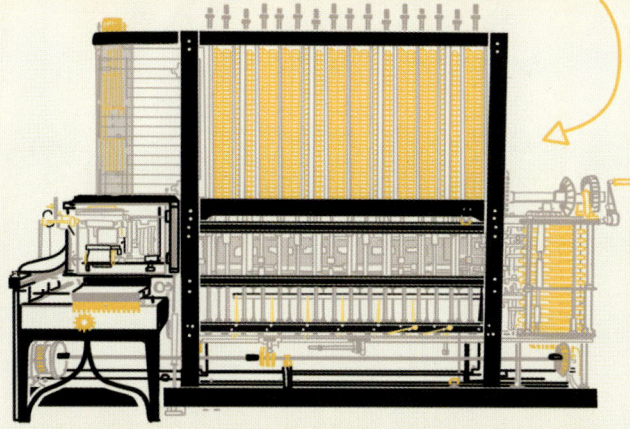

8,000개의 부속으로 이루어진 차분 기관 2호는 완성하는 데만 17년이 걸렸어. 무게는 5톤이나 되고, 길이는 3미터가 넘어.

최초의 '생각하는 기계'로 인정받고 있어. 또한 배비지의 연구는 이후 모든 컴퓨터 과학자에게 큰 영감을 주었어.

켈빈 남작은 1873년에 아날로그식 조류 예측 기계를 발명했어.

1930년대에 미국 정부는 수많은 인간 컴퓨터 프로젝트를 진행했어.

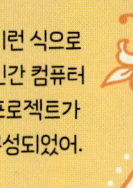

과학자 → 기획자 → 연구자

이런 식으로 인간 컴퓨터 프로젝트가 구성되었어.

미국의 인구 조사

미국은 유럽에 비하면 산업 혁명이 늦었어. 하지만 1880년대에는 제조업이 크게 발달하고, 인구도 빠르게 증가했어. 특히 인구의 증가 속도는 너무 빨라 수작업으로 처리하기 힘들 정도였지. 미국의 인구 통계 조사에서는 미국에 거주하고 있는 사람들의 수뿐만 아니라 거주자의 결혼 유무와 직업, 나이, 성별, 인종 등 다양한 정보를 함께 수집했어. 미국 헌법은 10년마다 인구 조사를 하도록 규정하고 있는데, 인구가 급속히 늘었던 1880년의 인구 조사는 시간이 엄청나게 걸렸어. 기초적인 계산기와 수기로 통계 자료를 처리하는 데 8년이나 걸렸지. 그래서 다들 1890년의 인구 조사는 1900년 이전까지 완료할 수 없겠다고 생각했어. 정부는 방대한 자료를 저장하고 분류할 새로운 방법이 필요했어!

1888년 미국 정부는 빠른 데이터 처리 기계를 선정하는 대회를 열었고, 그 덕에 1890년 효과적인 인구 조사 계약을 체결할 수 있었어. 계약을 따낸 사람은 전기 기계식 도표기를 만든 통계학자 허먼 홀러리스였어. 홀러리스는 열차 차장이 쓰던 천공 카드에서 영감을 받았어. 열차 차장은 표에 구멍을 뚫어 승객의 눈 색깔 같은 특징을 표시하곤 했어. 다른 사람이 표를 재사용하지 못하게 하려고 말이야. 천공 카드는 데이터를 자동으로 저장하고 정리하는 데 매우 유용했지. 다른 기계들은 도표 작성을 위한 자료 정리에 이틀이나 걸렸지만, 홀러리스의 기계는 고작 5시간 30분밖에 걸리지 않았어! 통계국은 홀러리스의 도표기를 이용해 6천만 장이 넘는 천공 카드를 처리했고, 인구 조사는 2년 반 만에 끝났어. 미국 정부는 수백만 달러의 비용을 절감했지. 이런 성공은 자료 수집을 자동화하는 천공 카드 업계에도 좋은 자극이 되었어.

1865년 팬텔레그래프로 이미지를 전송했어. 팩스와 비슷한 기계였지.

오늘날 키보드에 적용되는 쿼티 배열은 1874년 레밍턴 타자기에 처음으로 사용되었어.

1935년 사회 보장법 제정으로 수백만 장의 천공 카드를 다시 정리해야 했어.

IBM은 타입 77 병합기를 만들었고, 이 기계는 대공황을 벗어나는 데 큰 역할을 했어.

여성 노동력

새로운 기술이 떠오르면서 여성의 사회 진출도 늘어났어. 여성들은 전신 조작원이나 전화 교환원, 인간 컴퓨터 등으로 활약했어.

1890년 인구 조사 때 도표기 조작원으로 고용된 직원은 대부분 여성이었어.

전화 교환원

통계국 직원

여성은 현대 컴퓨터 역사의 초기부터 중요한 역할을 해 왔어.

사무용 기계

1910년대와 1920년대 미국의 사무실에서는 전기 도표기를 사용했어. 천공 카드와 전용 기계를 사용하면서 임금 명세서나 재고 관리, 송장, 직원 출근 현황 등을 계산하고 기록하는 일이 훨씬 수월해졌지. 1896년에는 허먼 홀러리스가 천공 카드 정리 전문 회사인 TMC를 설립했어. TMC는 잇따른 합병 끝에 1924년 IBM으로 사명을 바꿨어.

IBM은 기업이 필요로 하는 기계들, 예를 들어 상업용 저울과 공업용 시간 기록기, 도표기 등을 임대했어. 그리고 이들 기계에 필요한 일회용 천공 카드를 판매했지. 이와 같은 수익 모델을 '면도기와 면도날 모델'이라고 부르기도 해. 하여간 천공 카드 덕분에 IBM은 무수히 많은 기업이 도산했던 대공황 속에서도 살아남을 수 있었어. 그리고 기술과 컴퓨터가 발전을 거듭한 20세기 동안 IBM은 컴퓨터 산업의 강자로 자리매김했어.

초창기 기업 문화에 끼친 IBM의 영향력은 대단했지.

영원히 앞으로!

기업 문화

IBM은 직원의 애사심을 고취하기 위해 회사 노래를 만들어 부르게 했고, 유니폼 스타일의 어두운 정장과 넥타이를 착용하게 했어. 직원을 위한 특별 교육을 실시하고, 직원 행동 강령을 따르도록 했어.

또한 판매 목표를 100퍼센트 달성한 영업 사원에게는 특별 혜택을 주었어.

IBM의 모토 '생각하라'는 푯말이 온 사무실에 걸려 있었어.

1921년에 발표된 〈로숨의 유니버설 로봇〉 같은 희곡이나 1927년에 개봉한 〈메트로폴리스〉 같은 영화에서 로봇과 AI라는 개념이 대중에게 소개되었어.

이 시대의 영향

산업 혁명은 전 세계 경제를 농업 기반에서 제조업 기반으로 바꾸어 놓았어. 이때부터 지금의 사무직과 비슷한 일자리도 생겨났지. 정부는 대규모 인간 컴퓨터 프로젝트에 비용을 댔고, 전기 도표기 같은 발명품을 만드는 것을 적극적으로 권장했어. 자료 수집의 자동화는 폭발적으로 늘어나는 인구와 산업적 수요를 관리할 수 있는 강력한 도구가 되었어. 미래에는 지루하고 단순한 수학 작업을 모두 전자 기계에 넘길 수 있지 않을까 생각했지. 20세기가 끝날 무렵, 깊은 통찰력을 가진 몇몇 사람이 이들 기계에 담긴 엄청난 잠재력을 알아보았어. 현대 컴퓨터 탄생의 기반이 마련된 거야.

중요한 발명들

자카르 직조기 · 1804

자카르 직조기는 직물의 생산 방식을 바꿔 놓았을 뿐만 아니라 컴퓨터의 발전에도 영향을 끼쳤어. 손으로 복잡한 무늬를 짜려면 시간이 오래 걸려. 지루한 노동도 반복해야 하지. 1804년 상인이자 직조공이던 조제프 마리 자카르는 어떤 무늬든 자동으로 짤 수 있는 직조기용 기계 부속을 발명했어. 이는 섬유 산업에 혁신을 가져왔지. 무늬는 뻣뻣한 두루마리 카드에 구멍을 뚫어 프로그래밍했어. 이 카드는 나중에 복잡한 컴퓨터 프로그램을 만드는 데 사용하던 천공 카드의 원조라고 할 수 있어.

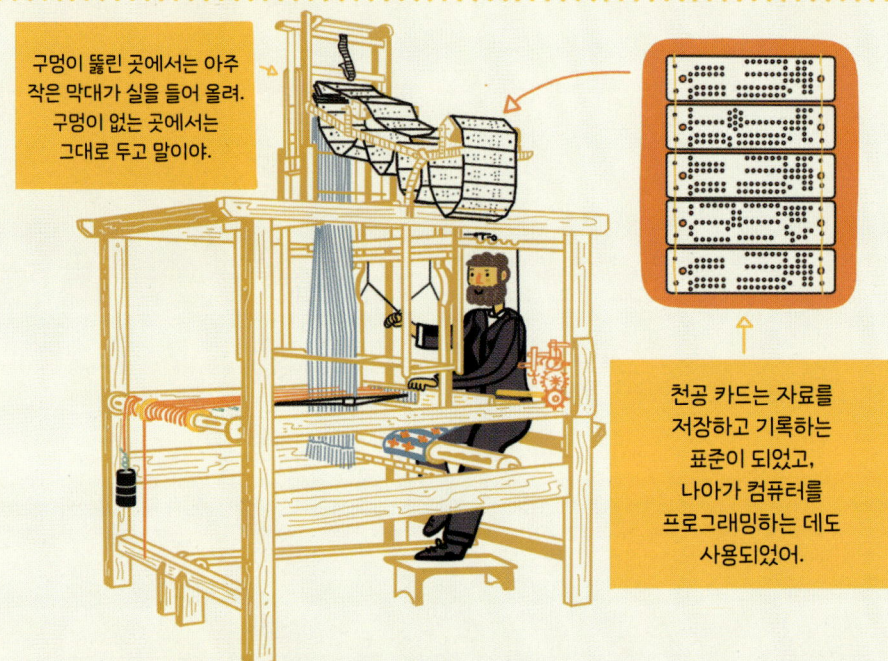

구멍이 뚫린 곳에서는 아주 작은 막대가 실을 들어 올려. 구멍이 없는 곳에서는 그대로 두고 말이야.

천공 카드는 자료를 저장하고 기록하는 표준이 되었고, 나아가 컴퓨터를 프로그래밍하는 데도 사용되었어.

최초의 컴퓨터 프로그램과 해석 기관 · 1843

수학자이자 시인이던 에이다 러브레이스는 17살 때 찰스 배비지의 연구를 접하게 되었어. 배비지의 파티에서 차분 기관 일부가 작동하는 모습을 보게 된 거야. 이후 두 사람은 오랫동안 우정을 나누며 협업을 이어 갔어. 러브레이스는 특히 해석 기관에 관심이 많았어. 해석 기관은 요즘으로 치자면 범용 컴퓨터였거든. 1843년 러브레이스는 해석 기관에 관한 프랑스어 논문을 번역한 다음 주석과 보충 설명을 넣어 출간했어. 러브레이스는 해석 기관이 가진 잠재력을 높이 평가했어. 수학 계산 그 이상을 할 수 있을 거라고 말이야. (심지어 음악을 만드는 것까지도!) 그녀의 주석에는 해석 기관이 실행할 수 있는 알고리즘에 관한 내용도 있었어. 역사가들은 이 알고리즘이 최초의 컴퓨터 프로그램이라고 생각해. 그런 점에서 러브레이스의 주석은 컴퓨터 역사에서 가장 중요한 문서라고 할 수 있지.

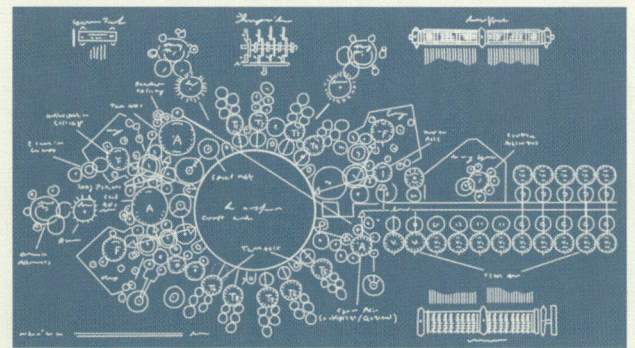

1840년의 해석 기관 구상도

산술 논리 장치나 흐름 제어 같은 현대적인 컴퓨터의 요소들을 갖고 있어. 특히 흐름 제어는 지금처럼 조건 분기와 루프의 형태로 표현되어 있지.

러브레이스는 해석 기관으로 글을 쓰거나 작곡을 할 수도 있을 거라고 생각했어.

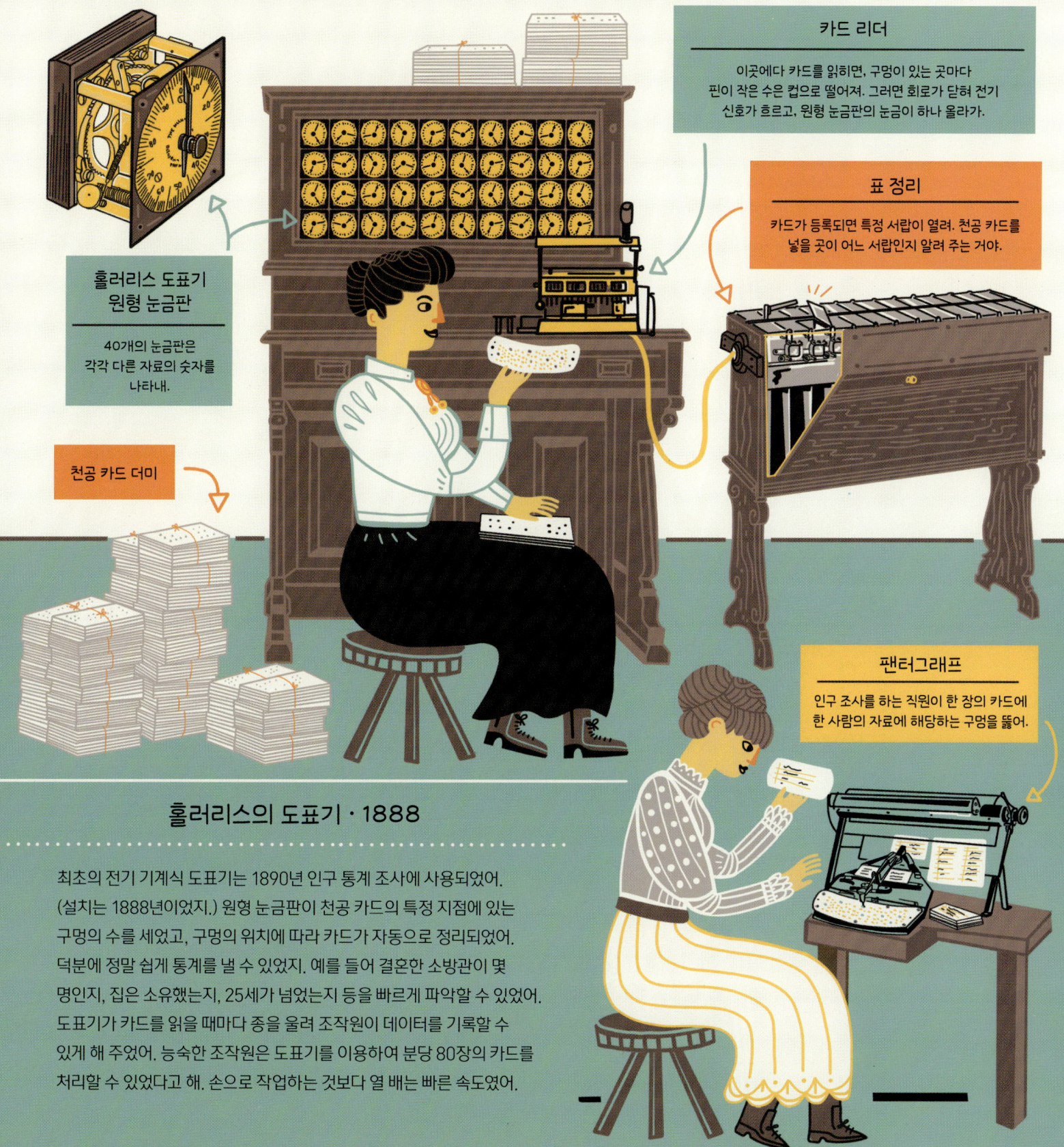

카드 리더
이곳에다 카드를 읽히면, 구멍이 있는 곳마다 핀이 작은 수은 컵으로 떨어져. 그러면 회로가 닫혀 전기 신호가 흐르고, 원형 눈금판의 눈금이 하나 올라가.

표 정리
카드가 등록되면 특정 서랍이 열려. 천공 카드를 넣을 곳이 어느 서랍인지 알려 주는 거야.

홀러리스 도표기 원형 눈금판
40개의 눈금판은 각각 다른 자료의 숫자를 나타내.

천공 카드 더미

팬터그래프
인구 조사를 하는 직원이 한 장의 카드에 한 사람의 자료에 해당하는 구멍을 뚫어.

홀러리스의 도표기 · 1888

최초의 전기 기계식 도표기는 1890년 인구 통계 조사에 사용되었어. (설치는 1888년이었지.) 원형 눈금판이 천공 카드의 특정 지점에 있는 구멍의 수를 세었고, 구멍의 위치에 따라 카드가 자동으로 정리되었어. 덕분에 정말 쉽게 통계를 낼 수 있었지. 예를 들어 결혼한 소방관이 몇 명인지, 집은 소유했는지, 25세가 넘었는지 등을 빠르게 파악할 수 있었어. 도표기가 카드를 읽을 때마다 종을 울려 조작원이 데이터를 기록할 수 있게 해 주었어. 능숙한 조작원은 도표기를 이용하여 분당 80장의 카드를 처리할 수 있었다고 해. 손으로 작업하는 것보다 열 배는 빠른 속도였어.

주요 인물들

"언어가 생각을 표현하는 매체일 뿐만 아니라 이성의 도구라는 것은 보편적으로 인정받는 사실입니다."

조지 불
1815 – 1864

조지 불은 1854년에 불 대수를 창안했어. 어떤 진술이 참인지 거짓인지 판단할 때 적용하는 수학적 추론과 논리 방식이 불 대수야.

참과 거짓이라는 이분법은 회로의 켜짐과 꺼짐, 즉 숫자 1과 0으로 바꿔 생각할 수 있어. 수십 년 뒤, 이 불 논리에 따라 컴퓨터 회로가 만들어졌어. 컴퓨터는 이분법 논리만을 이해할 수 있기 때문이야.

기술 분야의 전설적인 여성이야.

"해석 기관은 전례를 찾아볼 수 없는 독창적인 기계예요. 명령을 내리는 방법만 터득하면 어떤 일도 할 수 있죠."

해석 기관에 관한 러브레이스의 주석은 세계 최초의 컴퓨터 프로그램으로 인정받고 있어.

에이다 러브레이스
1815 – 1852

차분 기관과 해석 기관을 설계했어.

"새로운 기계 장치를 사용하고 지식이 늘어나면서 인간의 노동은 줄어들 거예요."

많은 역사가가 찰스 배비지를 '컴퓨터의 아버지'라고 생각해.

찰스 배비지 · 1791 – 1871

그랜빌 우즈
1856 – 1910

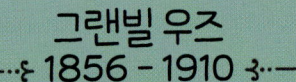

1800년대, 많은 발명가가 전신으로 의사소통할 수 있는 방법들을 고안해 냈어. 1887년에는 우즈가 동기식 다중 철도 전신으로 특허를 받았지. 운행 중인 기차에서도 전신을 할 수 있게 된 거야.

언론은 우즈를 '검은 에디슨'이라고 부르기도 했어.

1900년대 초반에 원격 라디오 제어 분야를 개척한 스페인의 공학자이자 수학자야.

1913년 〈자동화에 대한 논문〉에서 부동 소수점 연산이라는 개념을 소개했어.

1914년에 최초로 자동 체스 기계를 만들어 세상에 선보였어.

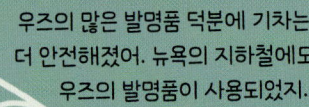

우즈의 많은 발명품 덕분에 기차는 더 안전해졌어. 뉴욕의 지하철에도 우즈의 발명품이 사용되었지.

레오나르도 토레스 이 케베도
1852 – 1936

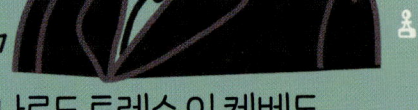

인물 편특집

"열차 차장은 밝은 머리색, 짙은 눈, 큰 코 같은 승객의 특징을 각기 다른 구멍을 뚫어 표현했어요. 쉽게 말해 구멍을 뚫는 방식으로 개개인의 사진을 찍은 거죠."

허먼 홀러리스 · 1860 - 1929

허먼 홀러리스는 자신이 1889년에 특허받은 미래 지향적인 '전기 기계식 천공 카드 도표기'를 앞세워 1890년 인구 조사 계약을 따냈어. 홀러리스의 도표기는 엄청난 성공을 거두었어. 이후 정보 처리 방식을 완전히 바꾸어 놓을 정도였지. 홀러리스는 1896년에 도표기 전문 회사인 TMC를 설립하고, 전 세계 정부를 상대로 도표기를 임대했어. TMC가 도표기 시장을 독점하고 있었기 때문에 홀러리스의 욕심은 커졌고, 결국 임대료를 인상했어. 도표기 임대 비용이 올라가자 미국 정부는 1910년 인구 조사에 사용하기 위한 도표기를 직접 개발했어. 특허법 침해 소지가 다분한 일이었지.

홀러리스는 1912년에 TMC를 CTR에 매각했어. 하지만 최고 자문 위원 직위는 유지했어. 홀러리스는 원래의 도표기 설계를 개선하는 일에 대해 완고하게 반응했어. 얼마 후 CTR의 재정 상태가 열악해지자 회사로서는 새로운 돌파구가 필요했어. 1914년 CTR은 토머스 왓슨 시니어를 영입했고, 그는 연구 팀을 꾸리고 새로운 판매 전략을 수립하는 식으로 회사를 개선해 나갔어. 1921년 홀러리스는 그동안 몸담았던 CTR을 떠나 귀농했어. "이제는 배와 소, 버터 생각뿐." 이라는 말을 남기고 말이야. 홀러리스는 자신을 통계 공학자로 여겼지만, 그의 도표기는 그가 상상한 것 이상으로 다양하게 활용되었어. 이후 100년 동안 데이터 처리 방식의 기초가 되어 주었거든.

"짧게 말할게요. 성별에 상관없이 책임자 자리에 있는 사람의 첫 번째 임무는 이 업계의 모토인 '생각하라'를 실천하는 거예요."

토머스 J. 왓슨 시니어 · 1874 - 1956

토머스 J. 왓슨 시니어는 판매 사원으로 사회에 첫발을 내디뎠어. 마차를 타고 다니며 피아노와 오르간을 팔았지. 1895년부터는 NCR의 판매 사원으로 일했어. NCR의 사장인 존 헨리 패터슨은 성격이 괴팍했어. 직원들에게 승마를 강요하기도 하고, 기분에 따라 보너스를 주거나 해고를 하기도 했어. 그렇지만 연설을 잘했고, 슬로건을 내걸거나 인센티브를 제공하는 등 독특한 기업 문화를 만들었어. 이런 방식은 나중에 왓슨이 IBM에서 리더십을 발휘하는 데 큰 영감을 주었어. 왓슨은 NCR의 세일즈 학교를 운영하면서 '생각하라'라는 구호를 생각해 냈어. 이후 1911년 NCR의 총괄 매니저가 된 왓슨을 패터슨이 앞김에 해고하자, 왓슨은 주문과도 같은 자신의 '생각하라' 구호와 함께 CTR에 들어갔어. CTR은 나중에 사명을 IBM으로 바꿨지. 11개월도 채 지나지 않아 왓슨은 사장 자리에 올랐고, 그는 연구와 발명에만 전념할 수 있는 팀을 만들었어. 그리고 이것을 계기로 IBM은 경쟁 우위를 차지하게 되었어.

왓슨의 리더십을 바탕으로 IBM은 사무기기 시장을 독점했어. 그리고 1930년대에는 무모하다 싶을 만큼 공격적인 국제 무역을 펼쳤어. 나치 정부에 인구 조사 기계를 공급하기도 했지. 결국 그 기계는 홀로코스트에 사용되었어. 다른 산업계의 거물들처럼 왓슨 또한 상거래의 자유를 맹목적으로 믿었던 거야.

왓슨은 직접 새로운 기술을 개발한 적은 없지만, 자신의 비즈니스 전략을 통해 (가끔 이것도 조금은 의심스럽지만) 세계에서 가장 강력한 기술 기업을 일궈 냈어. 왓슨의 리더십 아래 IBM은 제2차 세계 대전 중 최초의 컴퓨터라고 할 수 있는 마크 I을 개발했어. 군사용으로 만든 컴퓨터였지. 왓슨은 은퇴한 지 한 달 만에 세상을 떠났고, 그의 모든 기업적 유산은 아들인 토머스 J. 왓슨 주니어에게 상속되었어.

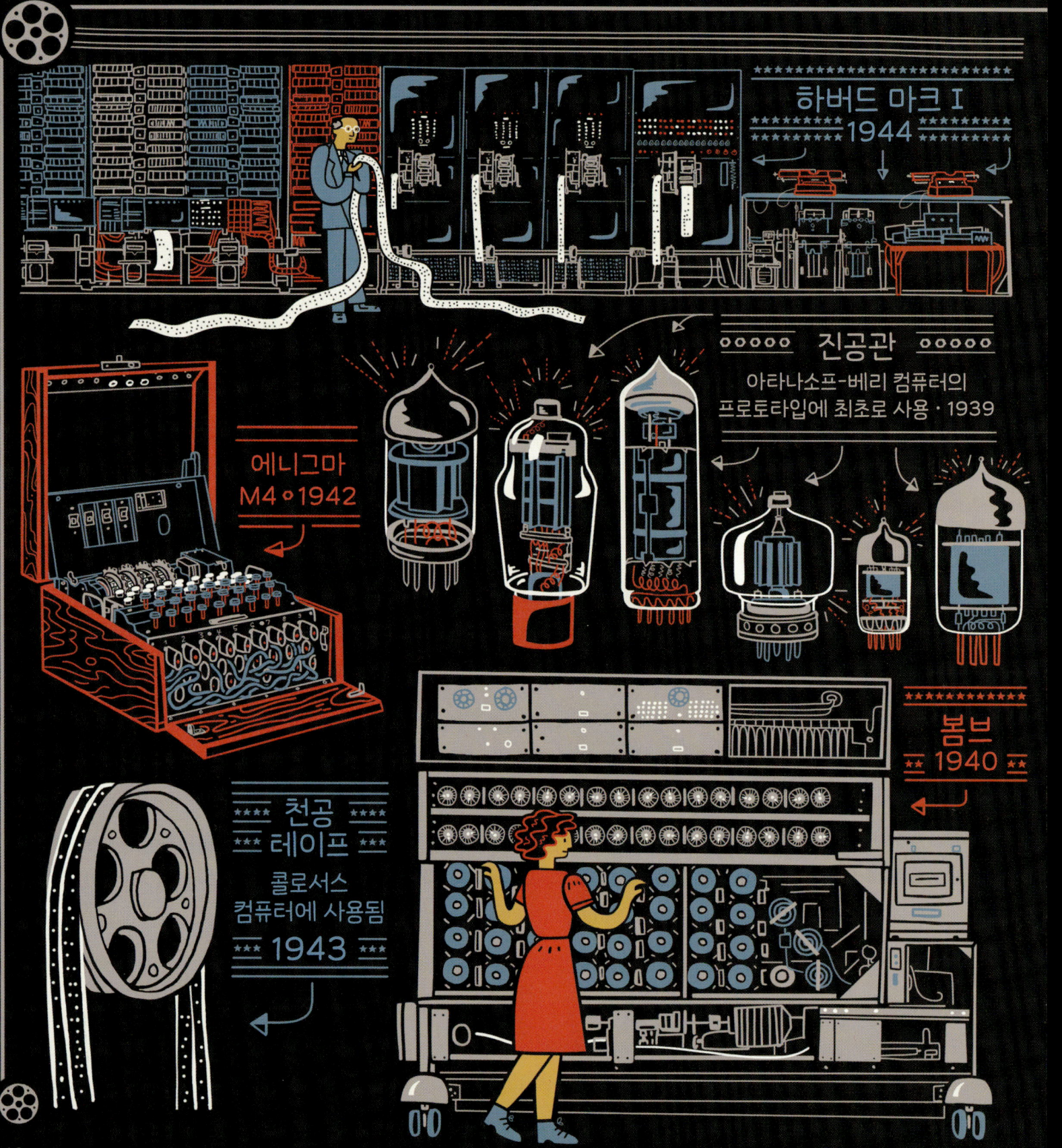

제2차 세계 대전과 초기 컴퓨터들

1930 – 1949

전쟁을 위한 기계들

1939년 나치 독일이 폴란드를 침공하면서 제2차 세계 대전이 발발했어. 독일은 전 세계를 차지하려는 야욕에 유럽을 침공했고, 유대인과 집시, 장애인, 성 소수자 등을 국가의 주도 아래 학살했어. 이를 가리켜 '홀로코스트'라고 해. 전쟁은 1945년까지 이어졌어. 전 세계는 독일, 일본, 이탈리아를 주축으로 한 추축국과 영국, 미국, 소련, 중국을 주축으로 한 연합국으로 나뉘었어. 제2차 세계 대전의 규모는 어마어마했어. 7천만 명의 병력이 전장에 투입되었지. 대규모 컴퓨터 연산에 대한 수요도 급증했어. 탄도 미사일, 레이다 시스템, 암호 해독 같은 기술이 필요했거든. 프로그래밍이 가능한 1세대 컴퓨터가 만들어진 건 바로 이런 전쟁 때문이야. 기술 개발을 위한 대규모 프로젝트들이 군의 지원으로 진행되었어. 엄청난 자금과 고급 인력이 정부의 비밀 프로젝트에 투입되었어. 그리고 암호 해독과 폭탄 제조에 이바지한 '기계 두뇌'가 만들어졌어. 영국의 콜로서스와 미국의 하버드 마크 I은 최초의 컴퓨터들이야. 손을 댈 수 없을 정도로 뜨거운 집채만 한 기계들이 들어찬 방은 웅웅거리며 돌아가는 천공 테이프와 덜컹거리는 부품, 깜빡이는 전구로 가득했어. 이들 전쟁 기계는 사람이 손으로 하기에는 너무 복잡하고 시간이 오래 걸리는 계산을 단숨에 처리했어. 컴퓨터는 제2차 세계 대전을 연합국의 승리로 이끌었고, 이후 컴퓨터는 전쟁 무기의 필수적인 요소가 되었어.

연대표

1936 - 모델 K 가산기

벨 연구소의 과학자인 조지 스티비츠는 이진수 두 개를 더할 수 있는 간단한 논리 회로를 만들었어. 캔에서 분리해 낸 금속과 릴레이 조각들을 이용해 만들었지. 불 논리가 컴퓨터 설계에 적용될 수 있다는 것을 보여 주려고 했던 거야.

1938 - 실리콘 밸리의 시작

실리콘 밸리의 탄생지는 어디일까? 많은 사람이 캘리포니아주 팰로앨토에 있는 휼렛과 패커드의 차고라고 생각하고 있어. 여기서 빌 휼렛과 데이비드 패커드가 라디오를 만들어 사업을 시작했거든. 이 회사가 바로 HP야. 1970년대 샌프란시스코 남부의 베이 에어리어에는 컴퓨터 회사가 많이 들어섰어. 그래서 '실리콘 밸리'라는 별명이 붙었지.

1945 - "우리가 생각하는 대로"

미국의 공학자이자 과학 행정가인 버니바 부시는 메멕스(메모리와 인덱스를 합친 용어)라고 하는 기억 확장기에 관한 에세이를 발표했어. 그는 이 에세이에서 온라인 백과사전과 하이퍼텍스트, 인터넷 같은 미래 기술에 관해 묘사했어. 실제로 그것들이 개발되기 수십 년 전에 말이야.

1947 - 냉전

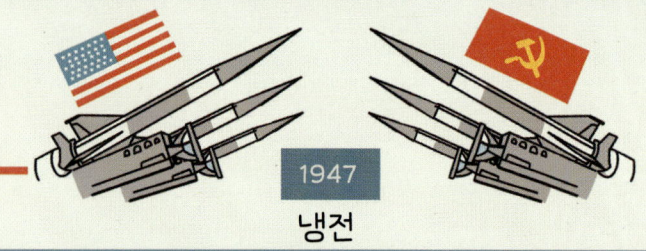

제2차 세계 대전 이후 미국과 소련 사이에 지정학적인 긴장감이 감돌기 시작했어. 이를 가리켜 냉전이라고 해. 소설가인 조지 오웰은 냉전을 '괴물 같은 초강대국 몇몇이 수백만 명의 사람을 단 몇 초 만에 몰살시킬 수 있는 무기를 보유한 상태'로 묘사했어.

1948 - 비트

클로드 섀넌은 자신의 논문인 〈통신의 수학적 이론〉에서 비트를 정의했어. 비트는 0이나 1로 표현되는 한 자리의 이진수야. 정보를 나타내는 가장 작은 기본 단위지.

1943 콜로서스 컴퓨터

영국군은 1943년에서 1945년까지 극비 시설인 블레츨리 파크에서 콜로서스 컴퓨터 프로젝트를 진행했어.

1944 하버드 마크 I

미국은 프로그래밍이 가능한 최초의 컴퓨터라고 할 수 있는 하버드 마크 I을 만들었어. 하버드 마크 I은 군사 목적으로 사용되었으며, 맨해튼 프로젝트에서도 복잡한 계산을 도맡았어.

1946 에니악 공개

프로그래밍 가능한 최초의 전자식 범용 컴퓨터인 에니악이 대중에게 공개되었어. 언론은 에니악의 '기계 두뇌'에 충격을 받았지.

1947 최초의 '컴퓨터 버그'

하버드 마크 I과 II는 발열이 심했던 탓에 벌레가 많이 꼬였어. 1947년에는 나방 한 마리가 마크 II 안으로 들어가 하드웨어 고장을 일으켰어. 이 사건이 바로 최초의 컴퓨터 버그였지.

1950 튜링 테스트

"만약 컴퓨터가 자신을 사람이라고 속일 수 있다면 지적인 존재로 불릴 만해요." -앨런 튜링

튜링 테스트는 상대를 볼 수 없는 상황에서 그의 성별을 추측해야 하는 게임에서 비롯되었어.

영국의 수학자이자 암호학자인 앨런 튜링은 컴퓨터가 정말로 '지적인' 존재인지 구분하는 방법을 개발했어. 질문자가 컴퓨터와 사람에게 비슷한 질문을 던진 다음 어느 대답이 사람의 대답인지 추측하는 테스트야. 컴퓨터가 질문자를 속였다면 그 컴퓨터를 지적인 것으로 간주하는 거지. 흔히 튜링 테스트라고 불리는 이 테스트는 이후 AI의 발전 과정에서 매우 중요한 이론이 되었어.

역사 이야기

제2차 세계 대전은 다양한 전선에서 벌어졌어. 극비의 연구소도 그중 하나였지. 가장 빠른 총, 진보한 레이다 시스템, 가장 복잡한 암호 및 해독 방법, 가장 큰 폭탄의 개발을 놓고 벌이는 조용한 전쟁이었어. 이 전쟁에서 이기려면 엄청나게 복잡한 계산을 해야 했어. 그렇지만 인간 컴퓨터와 기계식 계산기로는 역부족이었지. 영국과 미국은 비밀을 유지하면서도 최대한 신속하게 전쟁용 컴퓨터를 개발하기 위해 온 힘을 쏟았어.

블레츨리 파크

제2차 세계 대전 내내 영국은 나치 독일의 공격을 받았어. 어느 군대에서나 정보는 생명선과 같아. 영국도 나치의 비밀 교신 내용을 해독하기 위해 애썼어. 영국 정부는 블레츨리 파크에 비밀 암호 해독 팀을 꾸렸어.

독일군은 에니그마라는 기계를 이용해 메시지를 암호화했어. 수천 대의 에니그마가 생성한 메시지는 가로채기는 쉬웠지만, 독일군이 매일 변경하는 해독 키 없이는 해독이 힘들었어. 24시간 안에 최대 15경 개 이상의 조합을 적용해야 했거든. 수학 천재였던 앨런 튜링이 이 블레츨리 파크의 암호 해독 팀을 이끌었어.

이보다 앞선 1938년에 폴란드의 암호 해독국이 에니그마의 메시지를 해독하는 봄바라는 기계를 만들었어. 아마 딸깍거리는 소리 때문에 봄바라는 이름이 붙은 것 같아. 그런데 제2차 세계 대전 중에 새 에니그마가 개발되면서 봄바는 쓸모가 없어졌어. 튜링은 이 구형 폴란드 기계를 바탕으로 개선된 암호 해독기인 봄브를 개발했어. 블레츨리 파크 팀은 에니그마의 결함을 하나 발견했는데, 그건 어떤 글자를 암호화할 때 같은 글자를 두 번 사용하지 않는다는 사실이었어. 튜링이 개발한 첫 번째 봄브의 이름은 빅토리였고, 두 번째 봄브는 애그니스였어. 블레츨리 파크 팀은 봄브를 여럿 만들었지만, 나치 고위 사령부가 사용하는 로렌츠 암호를 해독할 수는 없었어.

로렌츠 암호는 서로 다른 12개의 암호화 회전자를 사용했기 때문에 이전의 암호보다 훨씬 복잡했어. 블레츨리 파크 팀의 물리학자인 토미 플라워스는 오로지 로렌츠 암호를 해독할 수 있는 기계를 만들기 위해 11개월을 매달렸어. 그렇게 만들어진 기계가 바로 콜로서스야. 콜로서스는 1943년 최초의 전자식 컴퓨터로서 작동을 시작했어. 천공된 두루마리 종이테이프가 시속 40킬로미터의 속도로 콜로서스에 입력되었어. 이처럼 빠른 입력 속도 덕분에 몇 주가 걸리던 로렌츠 암호 해독이 단 몇 시간 만에 가능해졌어. 1943년에서 1945년까지 총 10대의 콜로서스 컴퓨터가 설치되었어.

봄브와 콜로서스로 밝혀진 정보는 수많은 군사 작전에 크게 이바지했어. 노르망디 상륙 작전도 그중 하나야. 전쟁 이후 콜로서스는 폐기 처분되었어. 블레츨리 파크에서 진행했던 모든 연구는 수십 년 동안 최고급 기밀로 남았지.

공상 과학 소설가인 아이작 아시모프는 1942년에 《런 어라운드》를, 1950년에는 단편 모음집 《아이, 로봇》을 출간했어. 모두 미래의 AI 연구에 크게 영향을 끼쳤지.

독일의 에니그마 I

폴란드의 봄바

독일의 로렌츠 암호

블레츨리 파크

초기 컴퓨터들

사실 최초의 컴퓨터라는 것은 없어. 수많은 사람이 각기 다른 곳에서 프로그래밍이 가능한 '생각하는 기계'를 만들었기 때문이야. 그런 이유에서 이 기계들을 아울러 '초기 컴퓨터들'이라고 부르곤 해.

Z1, Z2, Z3
개발 1935 - 1941
독일

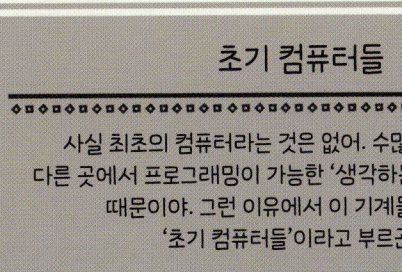

구멍을 뚫은 필름과 폐금속을 활용했어.

콘라트 추제가 연구 프로젝트로 만들었어.

아타나소프-베리 컴퓨터 개발
1939 - 1942
미국

존 빈센트 아타나소프와 클리퍼드 베리가 발명했어.

아타나소프가 징집되는 바람에 테스트까지만 진행되고 프로젝트는 종료되었어.

1945년에는 블레츨리 파크 연구원의 75퍼센트가 여성이었어.

암호 분석가인 조앤 클라크는 에니그마 암호 해독 팀에서 일했어.

콜로서스 컴퓨터
개발 1943
영국

토미 플라워스가 시드니 브로드허스트와 윌리엄 챈들러의 지원을 받아 발명했어.

앨런 튜링은 암호 해독 기술인 튜링 기법을 창안했어.

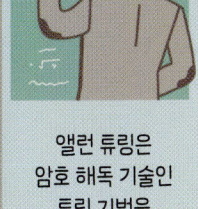

하버드 마크 I
개발 1939 - 1944
미국

75만 개 이상의 개별 부속으로 만들어졌어.

길이는 15미터가 넘었고, 무게는 5톤이었어.

원래 이름은 'IBM 자동 순차 제어 계산기'였어.

유명한 모더니즘 산업 디자이너인 노먼 벨 게디스는 마크 I의 외관을 디자인했어.

암호 해독은 매우 중요한 미국의 전쟁 지원 방법이었어.

윌리엄 커피는 흑인 암호학자 100명으로 팀을 꾸렸어. 그들은 차별을 겪으면서도 중요한 일을 해냈어.

하버드 마크 I이 켜지면 뜨개바늘이 부딪히듯 딸깍딸깍 소리가 방을 가득 채웠어.

사격 통제

미군은 장거리포의 탄도를 계산해야 했어. 이를 가리켜 사격 통제라고 해. 포를 쏠 때는 고려해야 할 것이 많아. 탄도는 지구의 곡률이나 날씨, 습도, 풍속 같은 것에 영향을 받거든. 그러니까 이 모든 변수의 방정식이 제각각인 거야. 제1차 세계 대전으로 거슬러 올라가 보면, 레인지키퍼라는 기계식 계산기가 포탄의 방향과 궤적을 계산하는 데 사용되었어.

미국의 전기 공학자인 버니바 부시와 그의 밑에서 연구하던 대학원생 해럴드 로크 헤이즌은 1931년에 미분 해석기를 만들었어. 미분 해석기는 손으로 풀 수 없던 미분 방정식을 계산했어. 엄청나게 빠른 속도로 지진 시뮬레이션, 날씨 패턴 파악, 배선 설계, 사격 통제 등을 위한 계산을 해냈지. 부시는 1942년에 미분 해석기를 개선하여 완전한 전자식 록펠러 미분 해석기(줄여서 RDA)를 만들었어. RDA는 컴퓨터가 아니었지만, 제2차 세계 대전 당시 사용된 기계 중 가장 중요한 수학 기계로 평가받고 있어. 사격표나 레이다 안테나, 원자 폭탄 방정식 등의 계산에 사용되었지. 다만 부시의 RDA는 해결할 수 있는 방정식이 제한적이었어. 그래서 미군은 프로그래밍 가능한 컴퓨터를 만들고 싶어 했어.

> 최초로 '컴퓨터'라고 불린 기계는 마크 I이야.

> "컴퓨터라고 부르려면 연속된 연산을 자동으로 처리하고, 필요한 중간 결과를 저장할 수 있는 능력을 갖춰야 해요."
> – 조지 스티비츠

미국이 만든 초기 컴퓨터들

하버드 대학교의 대학원생이던 하워드 에이킨은 찰스 배비지가 100여 년 전에 프로그래밍 가능한 컴퓨터를 개발하려고 시도한 것을 보고 영감을 받았어. 그는 1936년에 디지털 계산기를 직접 만들었어. 에이킨은 하버드 대학교 도서관에서 19세기에 쓰인 배비지의 기록을 발견하고는 "배비지가 과거에서 나에게 말을 거는 것 같아."라고 말했어. 3년 뒤, 에이킨은 IBM에서 일을 시작했어. 프로그래밍이 가능한 컴퓨터를 만들 수 있도록 비용과 최고의 공학자들을 지원하겠다고 했거든. 1941년에 에이킨은 해군에 입대했고, 그의 기계는 특수 군사 프로젝트로 바뀌었어. 이후 하버드 마크 I으로 다시 명명되어 1944년에 완성되었어.

마크 I 같은 1세대 컴퓨터는 지금의 기준으로 보자면 느리고 멍청했어. 그래도 계산은 손보다 빨랐지. 컴퓨터의 속도는 회로의 전기 흐름을 얼마나 빨리 켜고 끌 수 있는지에 따라 달라져. 마크 I의 기계식 스위치는 물리적인 장치였기 때문에 시간이 꽤 걸렸고, 스위치 자체도 쉽게 마모되어 고장이 잦았어. 일단 계산을 시작하면 몇 시간은 기본이고, 며칠씩 걸릴 때도 많았어. 에이킨은 이 과정을 '기계가 숫자를 만든다'고 표현했어. 마크 I은 1959년까지 군사 목적의 레이다 개발, 감시 카메라 렌즈와 어뢰 설계 등 수많은 계산에 사용되었어. 에이킨은 하버드 마크 시리즈의 성능을 계속해서 개선했고, 마크 I에서 마크 IV에 이르는 동안 설계 팀을 이끌었어. 마지막 제품인 마크 IV는 1952년에 제작되었어.

마크 I이 만들어지는 동안, 펜실베이니아 대학의 무어 전기 공학 대학원 지하실에서도 비밀 컴퓨터 프로젝트가 진행되고 있었어. 1943년에서 1945년까지 물리학자인 존 모클리와 발명가인 J. 프레스퍼 에커트는 최초의 전자식 컴퓨터를 개발하기 위해 연구를 거듭했어. 이들이 만든 컴퓨터가 바로 에니악으로 불리게 될 컴퓨터야. 에니악은 마크 I과 달리 진공관을 사용하여 회로의 온·오프 상태를 변환했어. 물리적으로 움직이는 부품이 없었기 때문에 속도가 훨씬 빨랐지.

컴퓨터와 폭탄

에니악은 제2차 세계 대전이 끝나고 몇 달 뒤인 1945년에 완성되었어. 과학자들은 에니악이 날아가는 총알보다 더 빠르게 그 궤적을 계산할 수 있다고 발표했어. 군이 에니악을 대중에게 공개했을 때, 신문의 헤드라인은 "번쩍이는 에니악, 번쩍이는 마법사!"였어. 극장용 뉴스에서는 이렇게 말했어. "이 기계는 최초의 전자 컴퓨터입니다. 군사용으로 수학 문제를 해결하고 있죠. 그렇지만 누가 알겠습니까? 언젠가는 이런 기계가 여러분의 소득세를 계산할 수도 있을 거예요." 미군은 이후 10년 동안 에니악을 사용했어.

하버드 마크 시리즈와 에니악은 모두 1942년부터 1946년까지 진행된 맨해튼 프로젝트에 사용되었어. 당시 독일 정부가 핵무기를 개발하고 있다는 소문이 돌자, 미국은 비밀리에 원자 폭탄을 개발하는 맨해튼 프로젝트를 진행했어. 1945년 미군은 일본의 히로시마와 나가사키에 원자 폭탄을 투하했고, 이 폭탄으로 20만 명이 죽음을 맞았어. 대부분 민간인이었지. 많은 사람이 이 잔혹한 힘의 과시로 제2차 세계 대전이 막을 내렸다고 생각해. 하지만 역사가들은 종전을 위해 원자 폭탄 투하가 꼭 필요했는지 여전히 논쟁을 벌이고 있어.

이 시대의 영향

1세대 컴퓨터는 지금 우리가 주머니에 넣고 다니는 스마트폰 같은 기기와는 거리가 멀어. 집채만 한 크기에다 작동하는 데 엄청난 양의 전기가 필요했어. 프로그래밍 또한 고된 노동이었지. 커다란 기계들이 깜빡거리고 똑딱거리며 사상자 수를 계산하고 미사일을 조준했어. 그들은 주로 비밀 프로젝트에 사용되었으며, 훈련받은 과학자나 군인만이 사용할 수 있었어. 종전 후에도 컴퓨터는 대중과 거리가 먼 기계였어. 엄청나게 크고 비쌌으니까.

미국은 제2차 세계 대전 이후 기술을 선도하는 국가가 되었어. 유럽을 비롯한 세계 곳곳이 폭격과 전쟁의 여파로 황폐해졌지만, 미국 본토는 그대로였거든. 영국과 달리 미국은 군사 기술을 기밀로 두지 않았고, 많은 프로젝트를 대학이나 기업의 지원을 받아 진행했어. 전후 미국 경제의 폭발적인 성장은 새로운 중산층과 수많은 사무직을 창출했어. 이로 인해 전쟁 동안 개발한 기술을 전쟁 후에도 계속 사용하게 되었지.

미국 여성들은 공장이나 조선소, 군사용 수학 계산을 위한 인간 컴퓨터 프로젝트에서 일하며 전쟁을 지원했어.

우리는 할 수 있다!

제2차 세계 대전 동안 배우인 헤디 라마와 작곡가인 조지 앤틸은 주파수 도약 통신 수단인 FHSS를 발명했어.

원래는 어뢰를 조종할 목적으로 만들었어. 이후 FHSS는 블루투스와 와이파이 기술의 기초가 되었어.

중요한 발명들

트랜지스터 · 1947

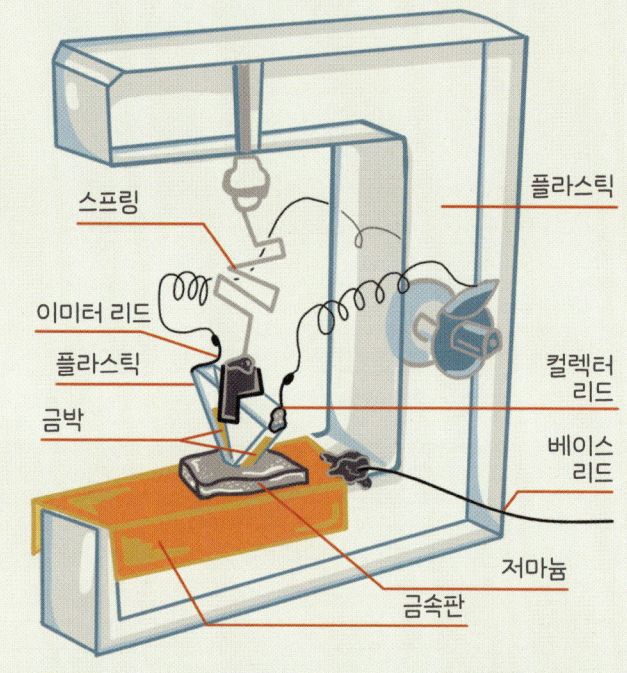

컴퓨터 회로의 기본은 온·오프 상태를 전환하는 능력이야. 하버드 마크 I 같은 컴퓨터는 이 부품이 기계식이었던 탓에 느렸고, 신뢰도도 낮았어. 에니악과 콜로서스에 사용된 진공관은 쉽게 부서졌고, 금세 타 버려서 수명이 짧았지. 사람들은 더 나은 방법이 없을까 고민했어.

1947년에 벨 연구소의 존 바딘과 월터 브래튼은 초고주파 증폭 장치를 만들려고 했어. 우선 저마늄이라는 반도체 결정으로 실험했어. 이들은 두 개의 접점(아주 가깝지만 맞닿아 있지는 않은)을 연결한 후 저마늄에 전기를 흘리면 신호를 증폭할 수 있다는 사실을 알아냈어. 이걸 점 접촉형 트랜지스터라고 불러.

트랜지스터는 진공관에 비해 필요한 전기가 적고, 크기도 작을뿐더러 내구성도 뛰어났어. 라디오나 TV에 사용되던 진공관은 곧 이 트랜지스터로 대체되었어. 점 접촉형 트랜지스터는 전기 신호를 켜고 끌 수도 있어. 반도체 방식의 스위치이기도 한 거지. 1953년에는 맨체스터 대학에서 트랜지스터 방식의 컴퓨터가 제작되었어.

레이다 · 1934

동굴에서 목소리가 울려 퍼지는 것처럼, 고체인 물체가 전파를 반사해 튕겨 낸다는 사실은 1880년대부터 알려져 있었어. 이 원리를 이용해 미국 해군 연구소는 1934년에 포토맥강 1.6킬로미터 상공에서 날고 있는 비행기를 레이다로 추적하는 모습을 공개했어. 오실로스코프 위의 희미한 초록색 점이 비행기의 위치를 나타내 주었지.

미국과 영국은 제2차 세계 대전 동안 레이다 기술을 공유했어. 브리튼 전투에서는 영국 공군이 독일에 비해 열세였지만, 영국의 뛰어난 레이다 시스템 덕분에 160킬로미터 밖에서 날아오는 적기를 식별할 수 있었어.

레이다와 컴퓨터의 역사는 밀접한 관계가 있어. 초기 컴퓨터의 디스플레이 장치는 개조된 레이다 스코프인 경우가 많았거든. 트랜지스터나 지연선 기억 장치 같은 기술은 원래 레이다용으로 개발되었다가 이후 컴퓨터에 적용되었어. 요즘에도 레이다 관련 기술은 정말 많은 장치에서 쓰이고 있어. 항공관제, 날씨 관측, 우주 탐사, 스마트폰 등 안 쓰이는 분야가 없을 정도야.

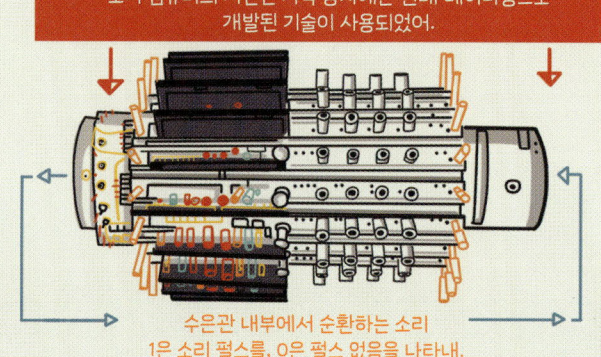

에니악의 무게는 30톤이나 됐어. 가로 30미터에 세로 2.5미터, 폭은 1미터였지.

J. 프레스퍼 에커트

진공관은 수명이 짧았어. 적어도 이틀에 하나씩은 진공관을 교체해야 했지.

존 모클리

에니악의 수 작업대에서 스위치 켜기.

에니악 · 1945 – 1955

에니악은 속도가 엄청 빠른 최초의 범용 컴퓨터였어. 입출력 장치로는 IBM의 천공 카드가 사용되었고, 전화 교환대처럼 생긴 수 작업대로 숫자를 입력했어. 수 작업대는 모두 3대였으며, 각각 10개의 눈금이 표시된 회전식 스위치 1,200개로 구성되어 있었어. 에니악은 크기가 압도적이었어. 30미터 길이의 방이 작게 느껴질 정도였지. 그리고 프로그래밍은 고된 노동에 가까웠어. 18,000개의 진공관 불빛이 쉴 새 없이 깜빡였어. 에니악은 10년에 걸쳐 정말이지 많은 계산을 수행했어.

주요 인물들

토미 플라워스
1905 - 1998

블레츨리 파크에서 암호 해독가로 일했어. 앨런 튜링과 함께 에니그마의 암호를 풀어냈어. 1944년에는 콜로서스 컴퓨터 개발 팀을 이끌었어.

전쟁이 끝난 뒤 어쩔 수 없이 콜로서스 관련 기록을 모두 파괴하고 설계도를 소각했어.

콜로서스는 노르망디 상륙 작전의 성공에 큰 역할을 했어.

클로드 섀넌
1916 - 2001

"개와 인간의 관계처럼 로봇도 그렇게 되는 날을 상상해요. 그래서 기계를 열심히 연구하고 있어요."

불 논리가 회로에 적용될 수 있음을 입증했어.

1948년에 발표한 〈통신의 수학적 이론〉이라는 논문 덕분에 '정보 이론의 아버지'라는 별명이 붙었어.

제2차 세계 대전 당시 미국의 중요한 암호학자였어. 1949년에 발표한 논문 〈비밀 체계의 통신 이론〉은 섀넌이 전쟁 중 수행했던 비밀 연구에 바탕을 두고 있어.

버니바 부시
1890 - 1974

1945년에 영향력 있는 에세이 〈우리가 생각하는 대로〉를 발표했어.

"과학자들이 자유롭게 진리를 추구할 수 있다면 그 결과가 어떤 것이든 실질적인 문제를 해결하려는 사람들에게 새로운 과학 지식이 되어 줄 거예요."

과학 연구 개발 실장이었을 때 제2차 세계 대전을 승리로 이끌기 위해 과학 분야에 군비를 지원했어. 그리고 맨해튼 프로젝트를 조직하고 지휘했어.

1950년에는 국립 과학 재단을 창립해 정부 지원 프로젝트를 진행했어.

하워드 에이킨
1900 - 1973

"누가 당신의 아이디어를 훔쳐 갈까 걱정하지 마세요. 괜찮은 아이디어라면 다른 사람들을 설득하는 과정이 필요하니까요."

전자 공학과 데이터 처리에 관한 수많은 논문을 발표했어.

하버드 마크 I 개발 팀을 이끌었어.

전쟁을 지원하기 위한 컴퓨터 과학 프로그램의 책임자 중 한 명이었어.

인물 편 특집

"어떤 사람이 종이, 연필, 지우개를 가지고 엄격한 규칙을 따른다면, 그는 사실상 범용 기계라고 할 수 있죠."

앨런 튜링 · 1912 - 1954

영국의 수학자인 앨런 튜링은 컴퓨터 역사에서 빼놓을 수 없는 중요한 인물이야. 튜링은 1935년에 현대 컴퓨터의 개념을 정립했어. 그는 시간과 기억 장치만 충분하다면 컴퓨터는 아무리 복잡한 알고리즘이라도 수행할 수 있다고 주장했어. '튜링 기계'는 컴퓨터의 성능을 설명하기 위한 가상의 기계야. 이 개념에 따르면, 요즘 우리가 쓰고 있는 스마트폰이나 노트북은 '튜링 완전한' 컴퓨터야.

튜링은 미국 프린스턴 대학에서 1938년에 박사 학위를 받고, 암호 분석을 연구하기 위해 영국으로 돌아왔어. 제2차 세계 대전 중에는 블레츨리 파크에서 일급비밀 암호 해독 프로젝트를 진행했어. 그의 팀이 수집한 정보들은 전쟁을 끝내는 데 큰 역할을 했어. 튜링은 종전 후 1950년에 발표한 논문 〈계산 기계와 지성〉에서 AI에 대한 중요한 개념을 정립했어. 그는 이런 질문을 던졌어. "기계는 생각할 수 있는가?" 튜링은 컴퓨터가 충분히 복잡해져서 인간만큼 지능적인 존재가 되는 미래를 상상했어. 그래서 컴퓨터와 인간에게 질문을 하는 테스트를 고안했어. 만일 컴퓨터가 자신을 사람인 것처럼 속일 수 있다면 그 컴퓨터를 지능적이라고 판단하는 거야. 이를 가리켜 튜링 테스트라고 해. AI 개발의 기초라 할 수 있지.

튜링은 동성애자였고, 당시에는 동성애가 범죄였어. 1952년 경찰은 튜링의 사생활을 염탐했어. 튜링은 실형과 강제 호르몬 치료를 조건으로 한 집행유예 중에서 하나를 선택해야만 했지. 그는 연구를 계속하기 위해 후자를 선택했어. 그러나 호르몬 치료로 인한 우울증에 시달렸어. 역사가들은 1954년에 튜링이 스스로 목숨을 끊었다고 생각해. 2013년에 사후 복권이 이루어졌고, 그는 이제 전쟁 영웅으로 기억되고 있어. 인류 역사상 가장 뛰어난 지성을 갖춘 인물로 손꼽히는 튜링을 기리기 위해 컴퓨터 분야에서는 튜링상을 수여하고 있어.

"우리는 에니악이 무엇이든 할 수 있다고 확신했어요. 그래서 한번 해 보자는 마음으로 밀어붙였고 결국 해냈어요!"

프랜시스 스펜스 (1922-2012)
캐슬린 안토넬리 (1921-2006)
말린 멜처 (1922-2008)
진 바틱 (1924-2011)
베티 홀버튼 (1917-2001)
루스 테이텔바움 (1924-1986)

에니악의 여성들

1945년 에니악이 완성되었지만 프로그래밍하는 방법을 알아내야 하는 힘든 작업이 남아 있었어. 이 임무를 맡은 사람은 6명의 인간 컴퓨터였어. 이들은 처음에 낮은 보안 등급 때문에 일급비밀 컴퓨터였던 에니악을 직접 보지도 못한 채 일을 해야 했어. 당시에는 프로그래밍 도구라는 것이 없었던 탓에 블록 다이어그램을 서로 연결하는 방식으로 프로그래밍 논리를 구현했어. 에니악을 볼 수 있는 권한을 받은 후에는 수백 가닥의 케이블을 직접 꽂고 3,000여 개의 스위치를 조작해 프로그래밍했어. 그리고 에니악의 버그를 찾아 수정하는 방법도 만들었지. 이들은 최초로 정렬 알고리즘과 소프트웨어 응용 프로그램을 만든 것으로 알려져 있어.

에니악은 1946년 대중에게 공개되었어. 그들의 엄청난 성과에도 불구하고 에니악 여성들은 그 공로를 인정받지 못했어. 진 바틱은 이렇게 회상했지. "우리는 우리의 능력을 인정받은 적이 없어요. 기자들 앞에서는 마치 무슨 모델인 양 취급당했죠. 스위치에 손만 얹은 모습으로요. 역사의 일부로 여겨진 적은 단 한 번도 없었어요." 그들은 1세대 컴퓨터 프로그래머들을 양성했어. 바틱은 비낙과 유니박 프로젝트에도 참여했어. 베티 홀버튼은 코볼 프로그래밍 언어 개발 프로젝트에 참여했어. 에니악 여성들은 비록 당시에는 제대로 평가받지 못했지만, 지금은 컴퓨터의 역사를 바꾼 개척자로 인식되고 있어.

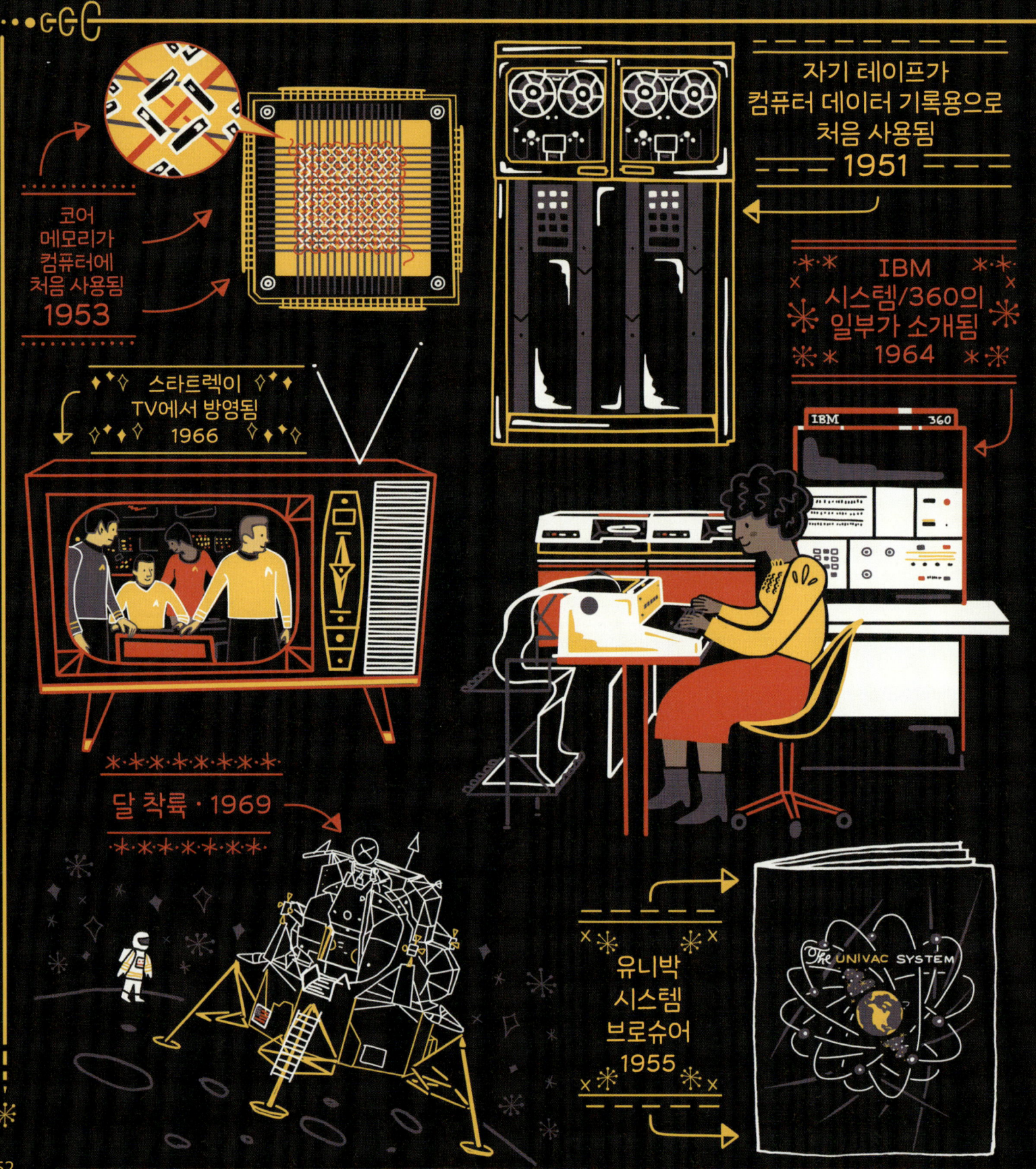

전후 경제 성장과 우주 경쟁

1950 - 1969

냉전과 소비주의

제2차 세계 대전 이후 미국과 소련은 세계의 양대 강국으로 떠올랐어. 이들의 이념적, 정치적 차이는 긴장의 원인이 되었고, 두 나라는 세력 확장을 위해 경쟁을 벌였어. 심지어 우주까지도 이들의 경쟁 무대가 되었지. 이 시기를 냉전 시대라고 불러. 냉전은 스파이 게임, 군사적 전복, 정치적 개입 등 40년에 걸쳐 지정학에 큰 영향을 미쳤어. 두 진영은 핵무기를 증강하고, 최초의 위성 (무인 위성에서 나중에는 유인 우주선까지) 발사를 놓고 경쟁했어. 냉전 시기에도 세계 곳곳에서 재래식 무기를 사용하는 전쟁이 벌어지곤 했어. 그러나 핵전쟁의 위협은 두 강대국이 전면적인 전쟁을 벌이는 것을 막아 주는 요인이 되기도 했지.

냉전 기간 두 강대국에서는 컴퓨터가 발전할 수밖에 없었어. 1950년 소련은 프로그래밍이 가능한 최초의 컴퓨터인 MESM을 만들었어. 미국은 제2차 세계 대전 동안 과학 연구의 전략적 가치를 인식하고, 컴퓨터 프로젝트에 자금을 전폭적으로 지원했어.

미국은 제2차 세계 대전으로 피해를 크게 입은 다른 나라들과 달리 여전히 튼튼한 경제를 유지했고, 그에 따라 중산층이 늘어났어. 급성장하는 산업을 지원하기 위해 컴퓨터가 만들어졌어. 물론 이 컴퓨터들은 너무 크고 비쌌기 때문에 여전히 대중이 접근하기는 힘든 물건이었어. 그러나 사람들은 '생각하는 기계'가 있다는 것을 알게 되었고, 어떻게 하면 이 기계를 이용해 '생각의 힘'을 늘릴 수 있을까 고민하기 시작했어.

연대표

1951
유니박

유니박은 상업적으로 성공을 거둔 최초의 컴퓨터야.

1952
최초의 컴파일러

그레이스 호퍼는 최초로 A-0라는 컴파일러를 완성했어. 컴파일러는 이진 코드 대신 의미 있는 단어로 컴퓨터와 대화할 수 있도록 해 줘.

1958
세이지의 운영 개시

이 컴퓨터는 '반자동'이라고 일컬어졌어. 사람들은 핵 공격을 할 수도 있는 컴퓨터를 인간이 통제하지 못한다는 사실을 무서워했거든.

비디오 콘솔
광선총

미국은 소련의 기습 공격에 대응하기 위해 세이지라는 컴퓨터 네트워크를 만들어 미국 안팎의 하늘을 감시했어.

1958
최초의 집적 회로

컴퓨터 칩이라고도 해.

집적 회로는 컴퓨터 회로의 모든 부품을 반도체 소자 하나에 에칭한 회로야. 집적 회로에는 작은 트랜지스터를 더 많이 집적할 수 있기 때문에 컴퓨터를 더욱 작고 강력하게 만들 수 있어.

1965
무어의 법칙

IT 분야의 자기실현적 예언이랄 수 있어.

기술이 발전함에 따라 트랜지스터의 크기가 점점 작아졌어. 인텔의 공동 창업자인 고든 무어는 컴퓨터 칩 하나에 집적되는 트랜지스터의 개수가 2년마다 두 배씩 늘어날 거라고 예측했어. 무어의 예측은 오랫동안 맞아떨어졌고, 칩 제조사들은 그 예측에 따라 목표량을 설정했어.

1968
모든 데모의 어머니

SRI의 더글러스 엥겔바트는 샌프란시스코에서 '인간 지성의 증대를 위한 리서치 센터'라는 발표를 통해 개인용 컴퓨터의 혁신을 과감하게 주장했어. 생중계된 이 화상 회의에서 그는 윈도우 인터페이스, 하이퍼텍스트, 그래픽, 내비게이션, 입력, 원격 회의, 워드 프로세싱, 컴퓨터 마우스를 선보였어.

맨체스터 기계라고도 불러.

1953

몇 달 뒤 벨 연구소는 미 공군에서 사용할 목적으로 트랜지스터 기반 컴퓨터인 트래딕을 개발했어.

최초의 트랜지스터 기반 컴퓨터

맨체스터 대학의 연구 팀은 트랜지스터만을 사용한 컴퓨터의 프로토타입을 최초로 공개했어.

1957

포트란의 등장

IBM의 존 배커스 팀이 개발했어.

포트란은 초창기에 널리 사용된 고급 프로그래밍 언어로 평가받고 있어. 프로그래머는 이진수로 코드를 작성하지 않고, 일상적인 영어 어구와 수식을 조합해 프로그래밍했어.

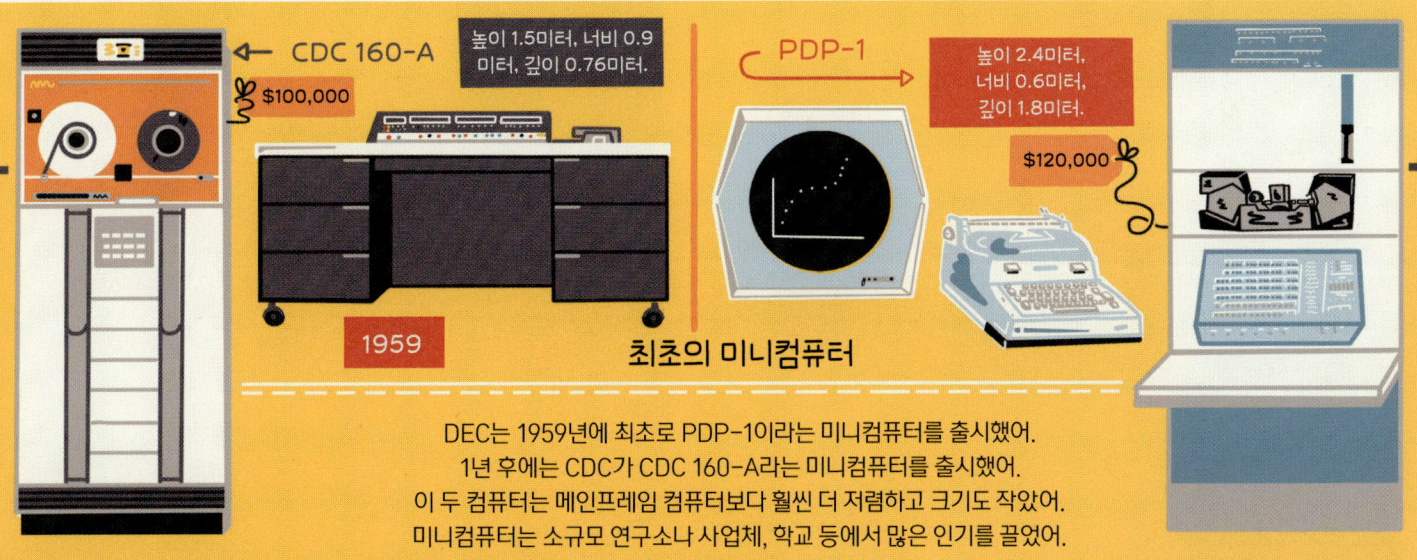

CDC 160-A — 높이 1.5미터, 너비 0.9미터, 깊이 0.76미터. $100,000

PDP-1 — 높이 2.4미터, 너비 0.6미터, 깊이 1.8미터. $120,000

1959

최초의 미니컴퓨터

DEC는 1959년에 최초로 PDP-1이라는 미니컴퓨터를 출시했어. 1년 후에는 CDC가 CDC 160-A라는 미니컴퓨터를 출시했어. 이 두 컴퓨터는 메인프레임 컴퓨터보다 훨씬 더 저렴하고 크기도 작았어. 미니컴퓨터는 소규모 연구소나 사업체, 학교 등에서 많은 인기를 끌었어.

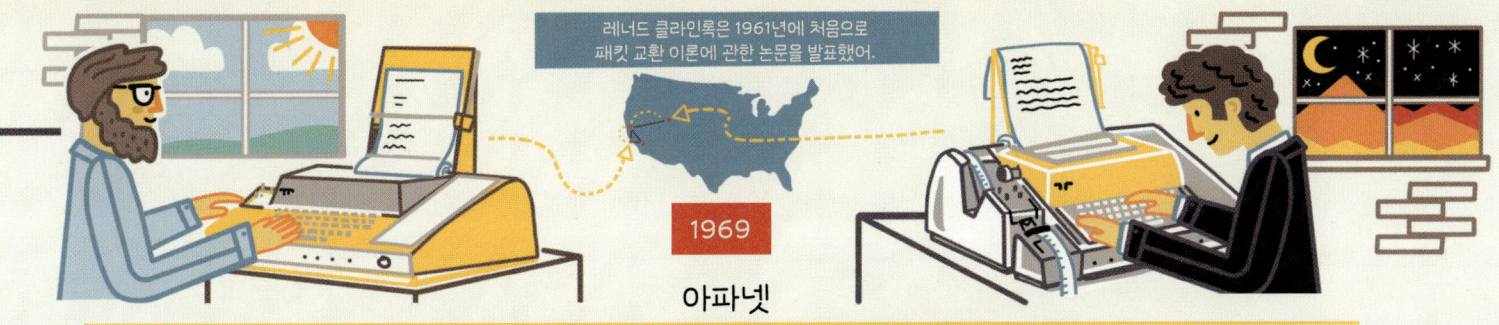

레너드 클라인록은 1961년에 처음으로 패킷 교환 이론에 관한 논문을 발표했어.

1969

아파넷

아파넷은 캘리포니아주의 컴퓨터 세 대와 유타주의 컴퓨터 한 대로 구성된 네트워크야. 인터넷의 시작이라고 할 수 있지. 이들 컴퓨터는 패킷 교환 방식으로 전화선을 통해 메시지를 주고받았어. 메시지의 용량이 크면 전화선이 정체되어 '통화 중' 상태가 되고는 했어. 패킷 교환이란 더 작은 데이터 '패킷'으로 쪼개진 메시지가 미로처럼 연결된 전화선에서 가장 효율적인 경로를 따라 이동한 후, 도착지에서 원래 메시지로 맞춰지는 방식이야.

역사 이야기

냉전 기간 미군은 역사상 가장 비싼 기술 프로젝트를 진행했어. 목적이야 무기와 방어 체계를 구축하는 것이었겠지만, 참여한 공학자들에게는 수익에 대한 부담 없이 컴퓨터 과학이라는 새로운 분야를 연구할 기회가 되었지. 월윈드나 세이지 같은 고비용 프로젝트와 나사의 연구 결과는 모두 냉전의 부산물이라고 할 수 있어. 우리가 지금도 날마다 쓰고 있는 기술이 간접적으로는 당시 프로젝트의 결과들이야.

월윈드와 세이지

미 해군은 1945년에 월윈드라는 비행 시뮬레이션을 개발하기 위해 MIT와 계약을 맺었어. 이 프로젝트는 여러 가지로 어려움이 있었어. 기존 기술로는 비행 시뮬레이터에 필요한 속도, 유연성, 실시간 상호 작용을 처리할 수 없었기 때문이야. 월윈드 개발 과정에서 컴퓨터 과학자인 로버트 에버렛은 제이 포레스터의 도움을 받아 컴퓨터 디스플레이 화면을 최초로 개발했어. 오실로스코프가 적용된 이 디스플레이에 프로그램의 결과가 표시되었지. 포레스터는 자기 코어 기억 장치를 개발했어. 자기 코어 기억 장치는 RAM의 초기 형태로 항공관제 같은 핵심 프로그램에 사용되었어. 매년 개발비가 100만 달러 이상이 소요된 월윈드는 1951년에 운영이 개시되었지만, 비행 시뮬레이터로는 사용되지 않았어. 그러나 지도 위에 물체의 궤적을 실시간으로 시각화하는 기술은 월윈드로 입증되었지. 월윈드는 다른 초창기 컴퓨터들처럼 기계식 계산기를 단순히 디지털 계산기로 바꿔 놓은 게 아니었어. 이후에 펼쳐진 혁신적인 아이디어에 영감을 주었을 뿐만 아니라, 컴퓨터가 현실의 물체와 상호 작용할 수 있음을 보여 주었지. 이를 바탕으로 역사상 가장 크고 비싼 컴퓨터 프로젝트가 시작되었어. 그게 바로 세이지야.

당시 미국 정부는 소련의 핵 공격에 대비해 늘 하늘을 감시했어. 전국적인 컴퓨터 네트워크를 구축하여 통신했지. 세이지는 1958년부터 1984년까지 미국 안팎의 항공 교통을 감시하면서 공격에 대한 조기 경보 시스템인 북미 항공 우주 방위 사령부, 즉 노라드를 통제했어. 레이다 송수신 탑과 정찰기, 정찰선 등에서 수집된 데이터는 전국 각지에 있는 사령부에서 처리되었어. 이곳 사령부에는 층마다 메인프레임 컴퓨터들이 빈틈없이 설치되어 있었지. 운영자는 비디오 콘솔로 컴퓨터를 제어했고, 화면에 직접 광선총을 쏘아서 목표물을 선택했어. 운영자는 깜빡이는 작은 신호를 주시하면서 그 신호가 민간 항공기인지 동맹군 또는 적군의 항공기인지 판단했어. 세이지의 거대한 컴퓨터 네트워크 덕분에 그래픽 기반 인터페이스와 인터넷의 첫 번째 버전인 아파넷의 개발에 대한 필요성이 두드러지게 되었어.

1950년대와 1960년대에는 CDC나 IBM 같은 회사에서 빠르고 비싼 슈퍼컴퓨터를 개발했어.

천공 카드로 작성한 가장 큰 프로그램은 세이지에 사용된 프로그램이야.

모두 62,500장의 천공 카드(대략 5MB의 데이터)가 필요했다고 해.

세이지는 역사상 가장 큰 규모의 컴퓨터 프로젝트야. 1954년 당시 무려 100억 달러라는 엄청난 비용이 소요되었어.

우주 경쟁

소련은 1957년에 최초의 위성인 스푸트니크 1호를 우주로 쏘아 올렸어. 같은 해 라이카라는 이름의 개를, 1961년에는 최초의 우주인인 유리 가가린을 우주로 보냈어. 미국은 소련의 우주 계획을 엄청난 위협으로 생각했어. 우주 공학 분야에서 2등인 나라가 어떻게 세계 제일의 초강대국이 될 수 있겠어? 게다가 소련이 우주에서 미사일을 쏘기라도 하면 어떻게 되겠어? 우주 경쟁에서 앞서 나가기 위해 미국 정부는 1958년에 항공 우주국, 즉 나사를 설립했어.

미국은 가가린이 우주 비행을 한 뒤 3주 만에 앨런 셰퍼드를 우주로 보냈어. 머큐리 프로젝트 중 하나였지. 그해 말에는 존 F. 케네디 대통령이 앞으로 10년 안에 미국인을 달에 보내겠다고 발표했어. 나사의 프로젝트 중 하나인 아폴로 계획은 바로 그 목표에 초점을 맞춘 것이었어. 역사상 가장 규모가 컸던 과학 프로젝트라고 할 수 있지. 나사는 아폴로 계획을 위해 업계와 학계에서 40만 명 이상의 인력을 끌어모았어.

나사에서 개발한 기술 가운데 가장 진보적인 결과물이 바로 아폴로 유도 컴퓨터야. 머큐리 프로젝트 같은 초기 우주 계획에서 우주 비행사들은 우주선을 수동으로 조작했어. 마치 자동차의 기어를 조작하듯 말이야. 우주 비행사들은 아폴로 우주선을 직접 조종하고 싶었을 테지만, 달까지의 왕복 거리를 비롯해 복잡한 각종 수치는 컴퓨터로 계산할 수밖에 없었어. 아폴로의 사령선과 기계선에 장착할 만한 크기의 컴퓨터를 만들기 위해서 나사는 최신 발명품인 집적 회로 같은 최첨단 기술을 활용했어. 이후 10년에 가까운 시간 동안 성공과 실패를 거듭하면서 여러 난관을 극복하고, 결국 1969년 아폴로 11호를 달에 보냈어! 마이클 콜린스가 사령선을 운전해 달의 궤도를 도는 동안 닐 암스트롱과 버즈 올드린은 착륙선을 타고 달에 도착해 지표면을 걸었어. 인류 역사상 가장 극적인 장면이었지.

컴퓨터 칩이 최초로 항공 시스템에 사용되었어.

1968년 머리에 쓸 수 있는 최초의 디스플레이 장치인 '다모클레스의 칼'은 와이어프레임 컴퓨터 그래픽을 표시할 수 있었어.

메인프레임 컴퓨터라는 명칭은 컴퓨터를 구성하는 각종 전자 장치들이 거대한 금속 틀, 즉 프레임에 고정된 형태에서 유래했어.

숨은 영웅들

미국 역사에서 기술 발전에 공헌한 흑인은 수없이 많아.

그렇지만 그들의 이야기는 분리 정책과 인종 차별 탓에 알려지지 않았어.

우주 탐험에 핵심적인 공헌을 한 흑인 수학자와 공학자를 소개할게.

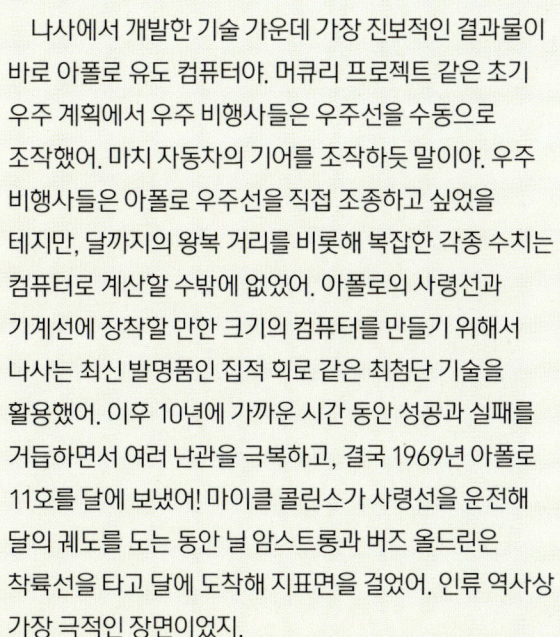

캐서린 존슨 (1918-2020) — 머큐리 계획에서 발사 가능 시간대와 아폴로 11 계획에서 궤적을 계산했어.

메리 잭슨 (1921-2005) — 1958년에 나사 최초의 흑인 여성 공학자가 되었어.

이 세 여성은 나사에서 인간 컴퓨터로 일했어.

애니 이즐리 (1933-2011) — 대체 전력 기술과 센타우르 상단 로켓에 필요한 컴퓨터 프로그램을 개발했어.

어니스트 C. 스미스 (1932-2021) — 아폴로 16 계획에서 달의 지표면을 달릴 자동차의 항법 체계를 개발했어. 마셜 우주 비행 센터의 항공 전자 공학 연구소 소장이었어.

물론 이들 말고도 많이 있지!

프로그래밍은 대체로 엄청난 양의 천공 카드 또는 천공 종이테이프로 해야 했어. 비용 때문이었지.

프로그래머들은 카드를 다루는 일 때문에 신경을 곤두세우곤 했어. 카드의 순서가 바뀌면 안 되거든. 바람에 날아가기라도 한다면 며칠 동안 한 작업을 날려 먹을 수도 있으니까.

1961년 유니박은 슈퍼맨의 여자 친구인 로이스 레인 만화책 표지에 등장했어.

전후의 소비주의

미국 정부가 각종 컴퓨터 연구 프로젝트를 지원하는 동안, 폭발적으로 성장한 전후의 미국 경제는 새로운 비즈니스용 기계의 개발 및 판매에 대한 욕구로 달아올랐어. 기업들은 정부가 지원한 컴퓨터 연구에서 얻은 영감과 기술을 바탕으로 대중 시장용 제품을 출시하기 시작했어.

유니박은 생중계되는 미국 TV 방송에 등장해 1952년 대선 결과를 예측했어.

이 방송을 계기로 컴퓨터는 대중문화의 아이콘이 되었어.

유니박

1940년대 말에는 많은 컴퓨터 스타트업 회사가 경쟁을 벌였어. 그중에 EMCC라는 회사가 있었어. EMCC는 J. 프레스퍼 에커트와 존 모클리가 군용 컴퓨터인 에니악을 성공시킨 뒤 만든 기업이야. 1946년 에커트와 모클리는 인구 통계국을 설득해 유니박의 자금 지원을 따냈어. 데이터를 구조화하고 낡은 계수기를 대체하겠다는 계획이었지. 새로운 컴퓨터 시스템을 만들겠다는 그들의 목표는 컸지만 지원받은 자금은 기대에 미치지 못했고, 고작 여남은 명의 공학자로 구성된 개발 팀을 꾸려야 했어. 작업실은 필라델피아 시내의 한 남성 의류 매장 2층에 있었어. 여름에는 너무 더워 땀이 비 오듯 흘렀고, 공학자들은 짬짬이 머리에 찬물을 끼얹으며 더위를 식히곤 했어. 이런 악조건 속에서도 그들은 자기 테이프를 비롯한 기억 장치와 저장 시스템 개발에 몰두했어. 자기 테이프는 소리 녹음용으로 이미 사용되고 있었지만, 초창기 컴퓨터 고객들은 '보이지 않는' 테이프를 신뢰하지 않았어. 이미 익숙한 천공 카드처럼 눈에 보이는 구멍 같은 것이 없었기 때문이야.

1950년 타자기 제조사인 레밍턴 랜드가 EMCC를 인수했고, 1951년에는 유니박이 완성되어 미국 인구 통계국에서 사용되었어. 유니박은 상업적으로 성공한 최초의 컴퓨터가 되었어.

일괄 처리 VS 시분할 처리

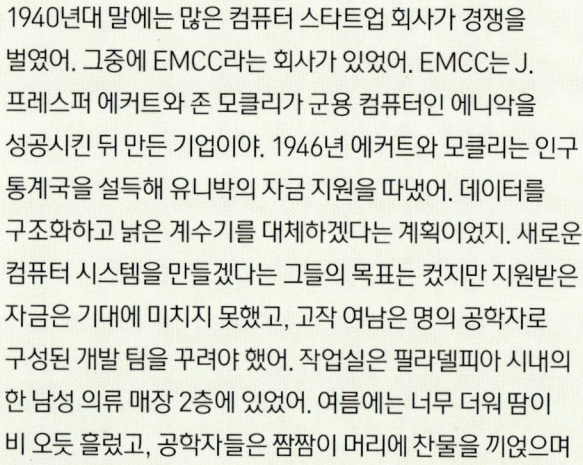

1950년대와 1960년대에는 프로그램을 실행하기 위해서 천공 카드를 차곡차곡 쌓아 컴퓨터 조작원에게 주어야 했어. 프로그램의 결과를 받아 보려면 몇 시간, 길면 며칠을 기다려야 했어.

프로그램은 커다란 묶음으로 한 번에 하나씩 실행되었어.

이런, 맙소사! 프로그램이 버그투성이네. 이걸 보자고 이틀이나 기다렸어?

MIT 연구진은 1960년대에 한 대의 컴퓨터를 여러 사람이 사용할 수 있게 하는 소프트웨어를 개발했어.

맙소사! 엄청 빠르군!

한 대의 컴퓨터에 여러 대의 컴퓨터 터미널이 연결되어 0.1초마다 다른 프로그램들을 번갈아 실행하는 방식이야.

기술적으로는 컴퓨터의 실행 속도가 느려지지만, 사람들은 프로그램의 결과를 더 빠르게 받을 수 있어.

IBM 시스템/360

자기 테이프

1966년 <스타트렉> 같은 TV 드라마와 1968년 <2001 스페이스 오디세이> 같은 영화에 컴퓨터가 등장하기 시작했어.

텔레타이프

텔레타이프는 입력과 출력을 동시에 담당해. 전화선으로 컴퓨터에 연결된 타자기와 디스플레이 장치 역할을 하는 종이 프린터로 구성된 형태야.

텔레타이프는 1950년대부터 1970년대 초반까지 가장 널리 사용되던 컴퓨터 사용 방식이지.

메인프레임 컴퓨터 시장을 독점하기 위한 고군분투

EMCC가 유니박을 개발하는 동안 IBM은 정부 계약에 집중했고, 상업 컴퓨터 시장에는 관심이 없었어. 그러다 1951년에 유니박이 출시되면서 IBM의 낡은 도표기가 대체되기 시작했지. IBM은 잃어버린 시장 점유율을 되찾고자 필사의 노력을 기울이기 시작했어. 그 결과 1959년에 밝은 파란색의 '모델 1401' 컴퓨터 시스템을 출시했어. 이 시스템의 체인 프린터는 분당 600줄이라는 엄청난 속도를 자랑하며 판매의 견인 역할을 했어.

1960년대에는 전체 컴퓨터의 30퍼센트 정도가 IBM 제품이었어. 하지만 그런 큰 성공에는 큰 문제가 따랐어. IBM은 열 가지가 넘는 제품군과 다섯 가지의 서로 다른 시스템을 가지고 있었는데, 이들은 서로 조금도 호환되지 않았어. 한마디로 엉망이었지! IBM은 1959년에 시스템/360이라는 비밀 프로젝트를 추진했어. IBM의 컴퓨터들을 통합하기 위한 프로젝트였어. 1965년에 완성된 시스템/360은 싱글 컴퓨터 아키텍처이기 때문에 모든 IBM의 360에서 호환되는 소프트웨어를 가지고 있었어. 기업들은 이제 한 대의 커다란 컴퓨터에 얽매이지 않고 필요한 대로 업그레이드를 할 수 있게 되었어. 이와 같은 확장성 덕분에 많은 기업이 첫 컴퓨터를 구매하기 시작했고, IBM 360의 인기는 전 세계로 확대되었어.

이 시대의 영향

1950년대와 1960년대에 컴퓨터 과학을 앞으로 나아가게 한 추진력은 크게 두 가지로 볼 수 있어. 바로 미군과 시장이야. 미군은 규모가 큰 연구 프로젝트에 비용을 아낌없이 댔고, 시장은 컴퓨터에 대한 대중의 인식을 확산시킴으로써 대량 생산을 가능하게 했어. 컴퓨터는 학교나 연구소, 기업 등에서 사용되기 시작했어. 하지만 일상생활에서 접할 수 있는 수준까지는 아니었어. 당시 컴퓨터는 엄청난 공간을 차지할 뿐 아니라 가격도 어마어마하게 비쌌거든. 특별 교육을 받은 연구소 전문 인력만 다룰 수 있었고, 심지어 컴퓨터를 프로그래밍하는 사람들조차 메인프레임을 만질 수 없었지. 냉장 시설을 갖춘 별도의 폐쇄 공간에 설치되었기 때문이야. 그런데도 컴퓨터는 대중문화의 한 부분을 차지하게 되었고, 회전하는 테이프와 다이얼이 인상적인 '전자두뇌'에 대한 이미지는 문학이나 영화에 영감을 주기도 했어. 무엇보다 이때 이후로 언젠가는 자신만의 컴퓨터를 가질 수 있지 않을까 꿈꾸던 세대, 즉 컴퓨터 괴짜들이 탄생하게 되었어.

IBM과 다른 경쟁사들은 '백설 공주와 일곱 난쟁이'라는 별명으로 불렸어. 여기서 말하는 난쟁이들은 버로스, 하니웰, 유니박, NCR, CDC, RCA, GE야.

59

중요한 발명들

최초의 집적 회로 · 1958

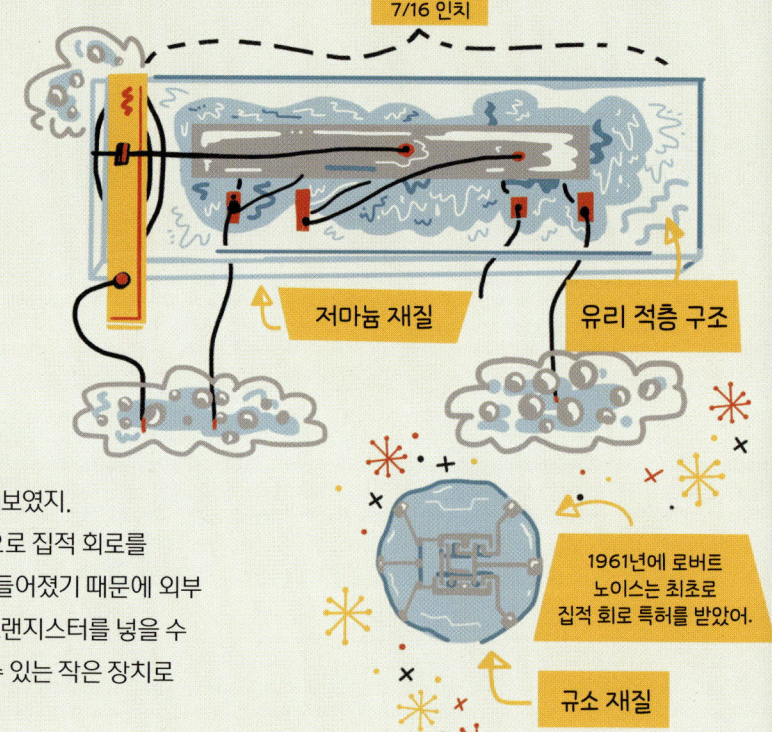

처음에는 라디오를 비롯해 전화나 컴퓨터 등 모든 장치에 트랜지스터를 사용했어. 핀셋으로 일일이 전선을 잡고 트랜지스터와 다른 전자 부품을 연결해 컴퓨터 회로를 만들었지. 그렇게 만들어진 컴퓨터는 덩치가 크고 속도도 느렸어. 트랜지스터와 거기에 연결된 다른 부품들까지 전류가 흘러야 했기 때문이야. 더 나은 방법을 찾아야만 했어!

1950년대 이 문제를 해결하기 위해 몇몇 과학자와 공학자가 독자적으로 연구를 했어. 텍사스 인스트루먼트의 전기 공학자인 잭 킬비는 회로 전체를 저마늄이라는 반도체 물질 표면에 에칭할 수 있다는 걸 발견했어. 1958년에는 이 기술을 바탕으로 집적 회로를 성공적으로 선보였지. 한편 페어차일드 반도체의 공동 창업자인 로버트 노이스 또한 다른 방식으로 집적 회로를 연구하여 1959년에 완성했어. 노이스의 집적 회로는 실리콘 웨이퍼로 만들어졌기 때문에 외부 배선 대신 구리 커넥터가 사용되었어. 집적 회로는 좁은 공간에 더 많은 트랜지스터를 넣을 수 있어. 이 기술 덕분에 방을 꽉 채울 만한 크기의 컴퓨터가 주머니에 넣을 수 있는 작은 장치로 바뀔 수 있었지.

스페이스워! 비디오 게임 · 1962

어뢰를 발사해! 스페이스워!를 즐길 시간이야. PDP 시리즈 같은 미니컴퓨터는 메인프레인 컴퓨터보다 크기도 작고 가격도 저렴해서 연구소나 대학에서 많은 인기를 끌었어. 스티브 러셀과 그가 이끄는 테크 모델 레일로드 클럽은 펄프 공상 과학 소설에 영감을 받아 PDP-1 컴퓨터에서 즐길 수 있는 이 비디오 게임을 개발했어.

스페이스워!는 멀티플레이어 게임의 원조라고 할 수 있어. 두 대의 우주선이 대치하다 서로에게 어뢰를 쏘는 형식이야. PDP-1은 초당 9만 회 이상의 연산으로 사용자의 입력을 계산하고, 뉴턴 물리학을 기반으로 우주선의 이동과 포격을 구현했어. 스페이스워!는 1962년 MIT에서 첫선을 보였고, 이후 초창기 아케이드 게임에 지대한 영향을 미쳤어.

아폴로 유도 컴퓨터 · 1966

아폴로 유도 컴퓨터는 우주 비행사를 안전하게 달까지 보낼 목적으로 제작되었어. 이 컴퓨터는 우주 비행사가 선내에서 측정한 지구, 달, 별의 위치를 기반으로 우주선의 경로를 계산하고, 우주선의 유도 시스템과 추진기와 통신했어. 나사는 아폴로 우주선에 탑재할 만큼 작으면서도, 비행 시 발생하는 진동이나 방사선, 극한의 온도를 견딜 만큼 안정적인 컴퓨터를 만들어야 했어.

아폴로 유도 컴퓨터는 최첨단 기술인 집적 회로를 최초로 사용한 컴퓨터라고 할 수 있어. 가격도 아주 비쌌지. 350명으로 구성된 MIT 계기 연구소 팀은 소프트웨어 공학자인 마거릿 해밀턴의 주도로 아폴로 유도 컴퓨터를 프로그래밍했어. 아폴로 유도 컴퓨터에는 코어 로프 기억 장치를 사용했는데, 별명이 '할머니 메모리'였어. 바느질에 능숙한 할머니들이 일일이 꿰매는 식으로 만들었기 때문이야. 비행사들은 숫자 디스플레이와 디스키라고 하는 키보드로 아폴로 유도 컴퓨터를 제어했어. 1968년에 아폴로 유도 컴퓨터는 아폴로 8호의 우주 비행사들을 달까지 무사히 안내했어. 기술적으로 정말 중대한 위업을 달성한 거야.

아폴로 유도 컴퓨터는 당시 가장 발전된 형태의 컴퓨터였어. 그 성능이 1985년에 출시된 닌텐도 NES 콘솔과 비슷했지.

주요 인물들

로버트 노이스 1927 – 1990
고든 무어 1929 – 2023

"중요한 건 혁신입니다. 당신이 앞서가고 있다면 다음번 혁신은 어떤 모습인지 알 수 있어요. 하지만 뒤처져 있다면 따라잡는 데 에너지를 쏟게 될 거예요."

노이스는 집적 회로 발명자 중 한 명이야.

둘은 페어차일드 반도체(1957년)와 인텔(1968년)의 공동 창업자야.

그레이스 호퍼 1906 – 1992

미국의 해군 제독이었던 호퍼는 '컴퓨터 프로그래밍의 어머니'로 불리는 인물이야.

"우리가 흔히 쓰는 말 중에 정말 위험한 말이 있어요. '우린 늘 이렇게 해 왔어.'"

제2차 세계 대전 중에 해군에 입대한 뒤 하워드 에이킨의 부사령관이 되었어. 하버드 마크 I의 프로그래밍 개발 팀에서 핵심적인 역할을 했어.

종전 후 1949년에 유니박 프로그래밍을 책임지는 선임 수학자가 되었어. 그리고 1952년에 컴파일러를 처음으로 만들었고, 1955년에 프로그래밍 언어인 플로매틱을 개발했어.

1959년에는 코볼 프로그래밍 언어 개발 프로젝트의 기술 고문을 맡았어.

아이번 서덜랜드 1938 –

"물리 세계에서는 구현할 수 없는 개념들을 디지털 컴퓨터에 연결된 디스플레이로 친숙하게 표현할 수 있어요. 수학의 나라를 들여다보는 거울이지요."

1963년에 스케치패드를 발명했어.

스케치패드는 GUI를 사용한 최초의 프로그램이야.

사용자는 라이트 펜으로 화면 위에 도형이나 텍스트, 그림을 그릴 수 있었어. 요즘 사용하는 3D 드로잉 프로그램의 원조라고 할 수 있지. 기계가 작동하는 모습을 시뮬레이션할 수도 있었어.

스케치패드는 더글러스 엥겔바트의 NLS와 다른 미래의 많은 프로그램에 영향을 미쳤어.

모리타 아키오 1921 – 1999
이부카 마사루 1908 – 1997

일본 기업인 소니의 창업자들.

소니는 1950년대에 처음으로 군사용이 아닌 민간 용도로 트랜지스터를 사용한 회사야.

소니의 오디오 장치, TV, 디스플레이 장치 등이 표준으로 인정받으면서 소니는 컴퓨터 역사에서 주류 기업으로 성장했어.

인물 편 특집

"세상사의 큰 문제들은 여럿이 함께 머리를 맞대야만 해결할 수 있어요. 우리가 함께 똑똑해지지 않는다면 인류는 곧 멸망할 거예요."

더글러스 엥겔바트 · 1925 - 2013

"그때는 컴퓨터 과학과 소프트웨어 공학이 아직 배울 수 있는 정식 과목이 아니었고, 명칭조차 생소했어요. 개척의 시대였다고 할 수 있죠."

마거릿 해밀턴 · 1936 -

더글러스 엥겔바트는 컴퓨터가 강력한 협업 도구가 될 수 있다고 생각했어. 학생 시절 읽었던 버니바 부시의 혁신적인 논문 〈우리가 생각하는 대로〉는 그에게 많은 영감을 주었어. 그는 정신 능력을 확장할 수 있는 도구를 손에 쥔다면 인류 전체가 도약할 수 있을 거라고 생각했어.

UC 버클리에서 전기 공학 박사 학위를 취득한 엥겔바트는 스탠퍼드 연구소에서 컴퓨팅 분야의 최신 프로젝트들을 수행했어. 나사와 고등 연구 계획국의 지원을 받아 미국의 집단 지성을 발휘하게 하기 위한 연구 팀을 이끌기도 했어. 아폴로 계획처럼 비용 지원이 탄탄하고 규모가 큰 과학 프로젝트는 기술 전반에 걸쳐 상당한 영향력을 발휘해. 일부 기술은 대중으로 파고들기도 하지.

엥겔바트는 '일괄 처리'의 시대에, 다시 말해 컴퓨터 사용자들이 프로그램의 결과물을 받아 보기까지 몇 날 며칠이든 기다릴 수밖에 없었던 그 시절에 그래픽 기반 환경에서 사용자들의 실시간 협업을 구상했어. 엥겔바트 팀은 오랜 시간 공들인 한 프로젝트를 1968년 기자들 앞에서 공개했어. 후에 '모든 데모의 어머니'라고 불리게 될 공개 행사였지. 발표에는 거대한 프로젝터 스크린이 사용되었어. 스크린에는 온라인 시스템 즉 NLS를 선보이는 컴퓨터 화면이 출력되었지. 엥겔바트는 윈도우를 비롯한 각종 그래픽으로 구성된 인터페이스 환경에서 몇 킬로미터 떨어진 한 동료와 화상 회의를 열어 문서 작업을 함께했어. 협업 과정에서 두 사람은 포인터 장치를 사용했는데, 이게 바로 역사적인 마우스의 등장이야. 발표를 지켜보던 사람들은 충격을 받았어. 미래의 한 장면이 눈앞에서 펼쳐진 것 같았으니까.

NLS는 상품화되지 못했지만, 설계에 참여했던 사람 중 많은 수가 제록스 파크 연구소에서 연구를 이어 갔고, 아이디어를 계속 확장해 나갔어. NLS는 사용자의 지적 능력을 끌어올릴 목적으로 설계되었어. 인류가 봉착한 난제들을 해결할 수 있는 기반이 협업이라고 생각한 거야. 상호 작용과 협업에 대한 엥겔바트의 비전은 여전히 의미 있는 청사진이라고 할 수 있어.

달 탐사를 위한 아폴로 계획의 성패는 마거릿 해밀턴에게 달려 있었어. 해밀턴은 세이지를 떠난 후 MIT 링컨 연구소의 소프트웨어 공학 부문 책임자가 되었어. 24살에 싱글 맘이자 워킹 맘이었던 해밀턴은 아폴로 유도 컴퓨터의 소프트웨어 개발 팀을 맡았어. 소프트웨어 공학자라는 명칭을 처음 만들었고, 이를 공식 연구 분야로 규정하는 데 큰 역할을 했어.

아폴로 유도 컴퓨터의 소프트웨어는 우주 비행에서 매우 중요한 역할을 했어. 개발 팀은 오류 검출이나 복구를 실시간으로 수행하도록 아폴로 유도 컴퓨터를 프로그래밍했어. 결과적으로 여러 생명을 살린 프로그래밍이었지. 아폴로 11 계획에서 우주 비행사들이 달에 착륙하기 3분 전, 달 착륙선에 경보가 울렸어. 빨간색과 노란색의 경고 등이 켜졌고, 비행사들은 그걸 보고 컴퓨터에 과부하가 걸렸다는 걸 파악했어. 레이다 시스템과 착륙 시스템이 동시에 실행되면서 프로세싱 파워가 너무 많이 소모되었던 거야. 해밀턴과 동료들은 이런 가능성을 미리 예상했고, 작업을 시간 순서가 아닌 중요한 순서대로 수행하도록 소프트웨어를 프로그래밍해 두었어. 비행사들은 그냥 'GO' 버튼만 누르면 되었지. 그러자 컴퓨터는 착륙 과정을 문제없이 이어갔어.

해밀턴은 스카이랩 우주 정거장에서 소프트웨어 연구를 계속했고, 1976년에는 호스라는 회사의 공동 창업자가 되었어. 해밀턴은 2003년에 나사로부터 우주 탐험 특별 공로상을 수상했고, 2016년에는 대통령 자유 훈장을 받았어. 해밀턴은 소프트웨어 공학의 창시자로 인정받고 있어.

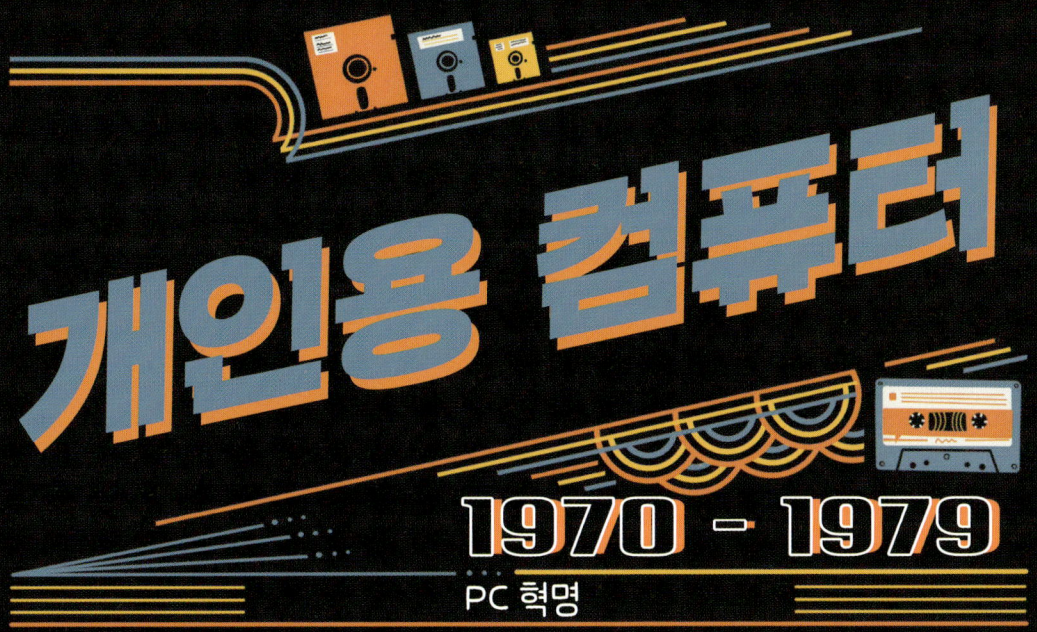

개인용 컴퓨터
1970 - 1979
PC 혁명

1960년대 말 사람들은 컴퓨터가 자신을 인식할 정도로 발전할 거라고 생각했어. 1968년 영화 〈2001 스페이스 오디세이〉에 등장하는 HAL 9000처럼 말이지. 그러나 실제로 일반 사람들이 접할 수 있는 컴퓨터는 세금 계산을 위해 정부 건물에 설치된 원격 메인프레임 컴퓨터 정도가 다였어. 그러다 1960년대 집적 회로 기술이 발전하면서 컴퓨터는 더 작아졌어. 많은 대학, 연구소, 회사 사무실 등에서 미니컴퓨터를 사용했어. 대형 냉장고 정도 크기의 이 '작은' 컴퓨터는 건물 한 층을 차지할 만큼 거대한 메인프레임 컴퓨터 몇 대와 맞먹는 컴퓨팅 성능을 가지고 있었어.

미니컴퓨터의 크기에 감명을 받은 젊은 사람들은 더 작은 마이크로컴퓨터를 만들고 싶어 했어. 대규모 국책 사업이나 전쟁을 위해 만들었던 컴퓨터를 집에 가져다 놓는다면 그 막강한 성능으로 무엇을 할 수 있을까 궁금했던 거지. 나만의 컴퓨터를 내 마음대로 프로그래밍할 수 있다면? 컴퓨터로 얼마나 중요하고 또 재미있는 일을 할 수 있을까? 1960년대 후반 이런 가능성은 별로 현실적이지 않았어. 그래도 관련 기술에 밝은 일부 십 대들은 컴퓨터와 함께하는 일상을 꿈꾸며 밤을 지새우곤 했어. IT 괴짜로 불리던 이들은 개인용 컴퓨터라는 혁신적인 아이디어에 매료된 채 성장했고, 결국 1970년대 기술 혁명의 주역이 되었어.

연대표

1970 데스크톱 컴퓨터

대형 타자기 정도 크기의 데이터포인트 2200 같은 컴퓨터가 첫선을 보였어. 하지만 가격은 정부나 대기업만이 감당할 수 있는 수준이었지. 이 컴퓨터의 주요 목적은 메인프레임 컴퓨터에 접속하는 것이었어.

1971

▷ 이식 가능한 최초의 운영 체제야. 유닉스의 사촌 같은 운영 체제가 애플의 맥OS와 아이폰에도 사용되고 있어.

유닉스 프로그래머 설명서 출간

1969년 벨 연구소에서 일하던 케네스 톰프슨과 데니스 리치는 유닉스 운영 체제를 공동으로 개발했어. 유닉스는 공학자와 과학자에게 인기를 끌었고 다른 여러 운영 체제의 기초가 되었어.

끝내주는군! 레코드 가게에 컴퓨터가 있다니!

전화선을 이용하는 SDS 940 시분할 시스템

1973 커뮤니티 메모리

캘리포니아주 버클리의 지역 사회 활동가들이 베이 에어리어의 카페나 레코드 가게에 컴퓨터 터미널을 설치했어. 사람들은 이 터미널로 메시지를 주고받을 수 있다는 사실에 놀라워하면서 가상의 회의 공간으로 사용하기도 했어.

'1977 트리니티'라고 불려.

코모도어 PET 2001 · 애플 Ⅱ · TRS-80

1977 개인용 컴퓨터 열풍

애플, 라디오섁 같은 회사가 만든 작은 컴퓨터는 상자에서 꺼내 바로 사용할 수 있었어. 컴퓨터 관련 전문 지식이 없는 일반인들을 겨냥한 기기들이었지.

1971 인텔 4004 마이크로프로세서

상업적으로 성공한 최초의 마이크로프로세서야. 컴퓨터의 두뇌에 해당하는 마이크로프로세서가 이제 작은 마이크로칩 안에 들어갈 수 있게 되었지.

1973 첫 마이크로프로세서 기반 컴퓨터

프랑스의 프랑수아 게르넬은 미크랄 N을 설계했어. 미크랄 N은 기상 관측소에서 양수기를 제어할 목적으로 만든 작은 컴퓨터였어.

1975 건 파이트

비디오 게임에 사용된 마이크로프로세서! 인텔 8080은 미드웨이의 아케이드 게임인 건 파이트를 실행하는 데 사용되었어.

1976 일렉트릭 펜슬

타자기에는 삭제 버튼이 없지만, 컴퓨터에는 있어! 조립 컴퓨터 애호가인 마이클 슈레이어는 최초로 마이크로컴퓨터용 워드 프로세서를 개발했어. 일렉트릭 펜슬이라고 불렸던 이 소프트웨어는 컴퓨터로 책을 쓸 수 있게 해 주었지.

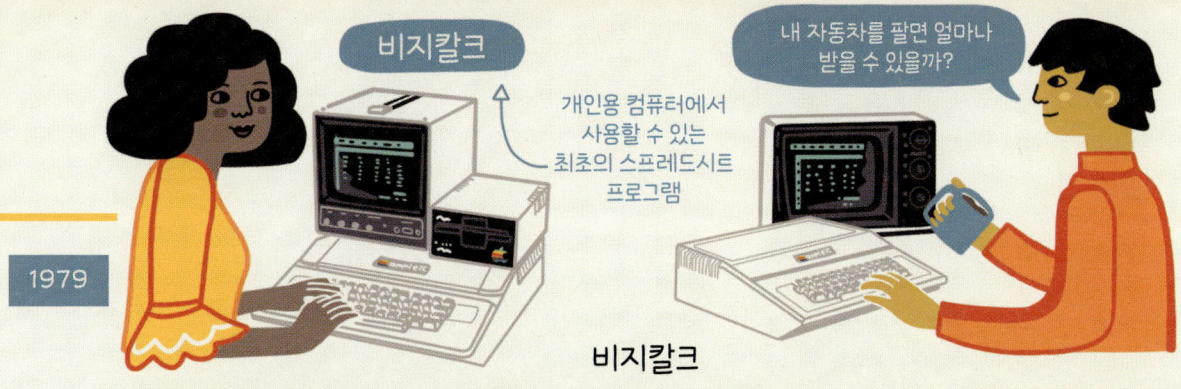

1979 비지칼크

개인용 컴퓨터에서 사용할 수 있는 최초의 스프레드시트 프로그램

내 자동차를 팔면 얼마나 받을 수 있을까?

최초의 스프레드시트 소프트웨어는 애플 II용으로 개발된 비지칼크였어. 복잡한 계산을 개인용 컴퓨터에서 할 수 있도록 한 소프트웨어였지. 많은 기업이 비지칼크를 사용할 목적으로 개인용 컴퓨터를 구매했어.

역사 이야기

1970년대 초반에는 미니컴퓨터가 대학이나 연구소에서 큰 인기를 끌었어. 대학생과 데이터 입력 전문가(대부분 여성)들이 업무를 위해 정기적으로 미니컴퓨터에 접속하기 시작했어. 그렇지만 개개인이 사용할 수 있는 시간은 크게 제한되었지. 미니컴퓨터의 등장으로 사람들은 프로그래밍의 필요성이나 컴퓨터의 활용성에 대해 깊이 고민하게 되었어. 재정 상황이 좋은 일부 고등학교에서는 미니컴퓨터 프로그래밍 수업을 진행하기도 했어. 마이크로소프트의 공동 창업자인 빌 게이츠와 폴 앨런도 그런 식으로 십 대 시절에 컴퓨터를 접하게 된 거야. 하지만 미니컴퓨터 가격은 수천 달러나 해서 여전히 기업이나 기관에서 주로 사용했지. 개인이 가정용으로 쓰기에는 벽이 높았어.

미니에서 마이크로로

마이크로컴퓨터, 즉 개인용 컴퓨터는 대형 메인프레임 컴퓨터와 다른 길을 걸어왔어. 1970년대 초반 IBM이나 HP 같은 컴퓨터 회사들은 일반인을 위한 작고 합리적인 가격의 컴퓨터를 만들 수도 있었어. 의지만 있었다면 말이야. 그렇지만 그들은 어떤 일반인이 자기 집에 컴퓨터를 들여놓겠느냐는 식으로 생각했어. 이런 대기업의 태도에 반감을 보인 IT 괴짜들과 전문 지식을 갖춘 학생들이 캘리포니아주 멘로 파크 근처에 모였어. 최초의 개인용 컴퓨터를 만들기 위해서였지.

자칭 홈브루 컴퓨터 클럽이라고 불렀던 이 모임은 미래의 컴퓨터 개척자들을 끌어모았어. 그들은 정부 프로젝트나 IBM에서 볼 수 있는, 흰 가운을 입은 연구원의 모습이 아니었어. 그들은 햄 라디오 클럽의 조립 전문가, 텔레타이프 해커, 히피 같은 괴짜들이었어. 이 자유로운 영혼들이 원했던 것은 컴퓨터가 가진 힘을 대기업뿐만 아니라 일반인이 사용할 수 있도록 하는 것이었어.

홈브루 컴퓨터 클럽의 원년 멤버였던 리 펠젠스타인은 '컴퓨터 해방'을 주장하면서 커뮤니티 메모리라는 일종의 게시판을 몇 년째 개발·관리하고 있었어. 펠젠스타인은 종종 긴 막대기를 들고 시끌벅적한 클럽의 회의를 진행하곤 했어. 이 자리에서 회원들은 각자의 아이디어를 비롯해 각종 부품이나 설계를 공유했어. 그렇게 함께 작은 컴퓨터를 만들기 위해 노력했던 거지.

유타 주전자는 1975년에 만든 유명한 컴퓨터 그래픽 모델이야. 베지어 곡선을 적용한 첫 모델이지.

알테어 8800이 〈스타트렉〉에 나오는 행성의 이름을 딴 것으로 생각하는 사람이 많아. 알테어는 실제로 있는 항성의 이름이기도 해.

제리 로슨은 1976년에 최초의 카트리지형 비디오 게임 시스템인 페어차일드 채널 F를 발명했어.

홈브루 컴퓨터 클럽

클럽의 모토는 '배워서 남 주자'였어.

애플의 공동 창업자인 스티브 워즈니악과 스티브 잡스는 열성 회원이었어.

멋지군!

클럽을 만든 사람은 고든 프렌치와 프레드 무어였어.

그들의 첫 회의 장소는 프렌치의 차고였어. 나중에는 스탠퍼드 의대 건물의 빈방에서 만났지.

리 펠젠스타인

탁탁!

소식지와 월간 회의를 통해 회원들은 자기 아이디어를 공유했어. 이는 개인용 컴퓨터 혁명의 초석이 되었어.

알테어 8800

1975년에는 잠시나마 컴퓨터 세계의 중심이 캘리포니아의 베이 에어리어에서 뉴멕시코의 주택가인 앨버커키로 바뀌었어. 그곳에서 미 공군의 전기 공학자인 에드 로버츠가 MITS를 창업했어. 모형 로켓 애호가를 위한 전자 키트를 설계해 주는 회사였지. 1960년대와 1970년대는 취미 문화의 전성기였어. 사람들은 큰 기업에서 대량 생산한 값싼 제품을 사는 대신, 잡지에서 구할 수 있는 설계도를 바탕으로 각종 장치나 전자 기기들을 직접 만들곤 했어. 하이파이 오디오나 텔레비전, 심지어는 자동차까지도 만들었다고 해. 마이크로컴퓨터는 바로 이런 DIY 문화에 제격인 기기였어.

인텔이 당시 신제품이었던 8080 마이크로프로세서의 가격을 인하했을 때, 로버츠는 이 작은 컴퓨터 칩을 대량으로 구매해 마이크로컴퓨터를 설계했어. 그는 이 컴퓨터를 알테어 8800이라고 불렀어. 키보드나 모니터는 없는 모델이었기 때문에, 사용자는 껐다 켰다 하는 토글스위치로 이진수 데이터를 입력했어. 깜빡이는 불빛이 프로그램의 결과를 알려 주었지. 알테어 8800은 버그투성이의 작은 상자였지만 《대중 전자 공학》이라는 잡지의 표지에 등장했고, IT 괴짜들은 열광했어.

알테어의 문제는 사용하기 쉬운 컴퓨터 언어 없이는 아무것도 할 수 없다는 것이었어. 하버드 대학생이었던 폴 앨런과 빌 게이츠는 베이식 같은 유명 언어를 알테어에 적용할 수만 있다면, 가정용 컴퓨터에서 실행할 수 있는 소프트웨어가 무궁무진해질 것이라고 생각했어. 앨런은 게이츠에게 하버드를 그만두고 자신과 개발을 함께하자고 제안했어. 둘은 힘을 합쳐 인텔 8080 시뮬레이터를 재료 삼아 알테어에서 실행할 수 있는 베이식의 간소화 버전을 개발했어. 1975년 3월 그들은 MITS와의 회의에서 이 소프트웨어를 선보이기로 했어. 앨런은 뉴멕시코로 가는 비행기 안에서 베이식을 로드하라고 알테어에 알려 주는 시동 프로그램을 깜빡하고 만들지 않았다는 사실을 깨달았어. 그는 서류를 찢어 부랴부랴 '부트 로더'를 작성했고, 그것이 제대로 작동하기를 바랐지. 다행히 소프트웨어는 성공적으로 작동했고, MITS는 그들이 만든 소프트웨어를 구입했어! 같은 해 앨런과 게이츠는 소프트웨어 회사를 공동으로 창업했어. 앨런은 마이크로컴퓨터 소프트웨어를 줄인 '마이크로-소프트'라는 이름을 제안했지.

알테어 베이식 덕분에 원래는 미니컴퓨터나 메인프레임 컴퓨터에서 실행되던 프로그램을 아주 작은 컴퓨터에서도 실행할 수 있게 되었어. 정말 획기적인 사건이라고 할 수 있지!

최초의 컴퓨터 웜은 1971년의 '크리퍼'야.

크리퍼는 아파넷의 컴퓨터들을 감염시켰어. "나는 크리퍼야. 잡을 수 있으면 잡아 봐!"라는 메시지가 화면에 출력됐지.

최초의 비디오 아케이드 게임은 1971년 작 '컴퓨터 스페이스'야.

크레이-1 슈퍼컴퓨터

'거대과학'은 각종 최첨단 컴퓨터 프로젝트의 원동력이었어. 시모어 크레이는 1972년에 크레이 리서치를 창업했어. 4년 후 기념비적인 크레이-1이 로스앨러모스 국립 연구소에 설치되었어.

당시 가격이 800만 달러였던 이 슈퍼컴퓨터는 핵무기 공격 시뮬레이션과 기상 관측에 사용되었어. 여기서 작동되던 프로그램은 대부분 지금도 기밀 사항이야.

이후 크레이 리서치는 슈퍼컴퓨터 시장을 선도하는 제조업체로 자리매김했어.

'세상에서 가장 비싼 의자'라는 별명이 붙기도 했어.

위에서 내려다본 모습

C자 구조 덕분에 배선이 짧아지고 컴퓨팅 속도가 빨라졌어.

1978년에는 텍사스 인스트루먼트의 '스피크 앤 스펠'이라는 장난감이 선형 예측 코딩 방식으로 '음성'을 만들어 냈어.

애플의 첫 로고는 중력을 발견한 아이작 뉴턴을 형상화한 로고였어.

할리우드 영화 역사상 최초의 컴퓨터 애니메이션은 1976년의 〈퓨처월드〉야. 에드윈 캣멀의 손과 얼굴을 모델링해 사용했어.

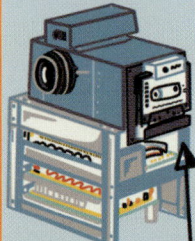

스티븐 사손이 1975년에 디지털 카메라를 발명했어.

카세트테이프에 사진을 저장했지.

가전제품 같은 컴퓨터 그리고 애플

초창기 가정용 컴퓨터 제조사들은 1970년대 중반부터 키트 제품을 출시했어. 납땜을 비롯해 섬세한 작업을 거쳐야 컴퓨터를 완성할 수 있었지. 그리고 조립이 끝나면 프로그래밍도 직접 해야 했어. 정말 복잡하고 불편한 과정이었어.

1975년 컴퓨터 엔지니어인 스티브 워즈니악은 홈브루 컴퓨터 클럽에서 초기 개인용 컴퓨터를 접하게 되었어. 신형 알테어 8800에 매료된 워즈니악은 알테어보다 더 잘 만들 수 있다고 생각하고, 우아한 올인원 컴퓨터인 애플을 설계했어. 애플 I은 기판 하나로 이루어진 완성된 컴퓨터였어. 조립 과정이 필요 없었지! 사용자는 키보드와 TV만 연결하면 되었어. 애플 I은 전원이 켜질 때마다 카세트테이프에 미리 저장된 프로그래밍 언어를 로드했어. 모든 것을 조립해야만 했던 덩치 큰 기존 키트에 비하면 엄청난 발전이었지. 워즈니악은 친구이자 탁월한 비즈니스 감각의 소유자였던 스티브 잡스와 함께 1976년 애플 컴퓨터 컴퍼니를 공동 창업했어. 당시 애플 I의 가격은 666.66달러였다고 해. 반복되는 숫자가 멋지다고 생각한 워즈니악이 붙인 가격이야. 애플 I은 캘리포니아의 마운틴뷰에 있는 한 초창기 가정용 컴퓨터 판매장인 바이트 숍에서 처음으로 판매되었어.

이 작은 애플 컴퓨터를 벤처 투자자인 마이크 마쿨라가 주목했어. 마쿨라의 조언에 따라 애플은 1977년에 자금 지원을 받아 후속작을 개발했어. 그게 바로 애플 II야. 매끈한 플라스틱 케이스가 돋보이는 애플 II는 롬 칩에 베이식이 내장되어 있었어. 이런 구조가 어떤 차이를 가져오냐면, 컴퓨터를 켜면 곧바로 사용할 수 있는 상태가 된다는 거지. 마치 가전제품 같달까? 애플은 올인원 컴퓨터를 처음 만든 회사가 아니야. 하지만 애플 II는 1970년대에 가장 기술적으로 진보한, 실용적인 가정용 컴퓨터였어.

애플 I
666.66달러

스티브 워즈니악
스티브 잡스
1977년 애플 로고
애플 II

작은 컴퓨터의 커다란 성공

1977년 개인용 컴퓨터 시장에서는 몇몇 모델들이 경쟁을 벌이고 있었어. 코모도어 PET 2001, 애플 II, 라디오색의 TRS-80 등이었지. 다만 이들로 할 수 있는 일이라고는 비디오 게임을 즐기거나 전자음 같은 소리를 내는 정도뿐이었어. 그래서인지 사람들은 개인용 컴퓨터를 반짝했다가 곧 사라질 유행으로 생각했어. 그러던 것이 1979년에 애플 II용 비지칼크라는 혁신적인 앱이 출시되면서 모든 것이 바뀌었어. 단지 비지칼크를 사용할 목적으로 컴퓨터를 구매한 사람들이 있을 정도였으니까. 댄 브릭클린과 밥 프랭크스턴이 개발한 비지칼크는 사용자가 표에 값을 입력하면 어떤 공식이든 적용된 공식에 따라 그 결과를 자동으로 계산해 내는 스프레드시트 프로그램이었어. 일일이 계산하느라 몇 시간씩 걸리던 일이 순식간에 끝나게 된 거야! 이 스프레드시트 프로그램은 개인용 컴퓨터를 아주 중요한 비즈니스 아이템으로 바꾸어 놓았어. 그야말로 하룻밤 사이에 말이야. 특히 금융 관련 회사들은 책상마다 개인용 컴퓨터를 올려놓게 되었지. 이에 따라 애플이나 코모도어 같은 소규모 컴퓨터 회사들은 엄청난 수익을 올리게 되었어.

제록스 파크와 미래의 사무실

1970년대 프린터 회사였던 제록스는 팰로앨토 리서치 센터, 즉 파크를 세웠어.

파크의 발명품들은 시대를 앞서간 덕분에 1980년대가 되어서야 대중에게 공개된 것들이 많아.

제록스 파크의 발명품 가운데 몇 가지를 소개할게.

빈백 의자에 앉아 회의를 하는 제록스 파크 직원들.

레이저 프린팅 1971
제로그래픽 복사기 드럼으로 출력한 비트맵 방식의 전자 이미지.

알토 1973
제록스의 초기 개인용 컴퓨터.

책상 위를 상징적으로 표현한 **그래픽 사용자 인터페이스**

위지위그 1974
화면에 보이는 그대로 출력되는 문서.

이더넷 1973
워크스테이션과 프린터를 비롯해 컴퓨터들을 네트워크로 연결하는 광케이블망.

최초의 휴대 전화 통화는 1973년에 모토로라의 프로토타입 모델에서 연결되었어.

"조엘, 마티입니다. 전 지금 휴대 전화기로 통화하고 있습니다. 진짜로 들고 다닐 수 있는 휴대 전화죠."

경쟁업체인 벨 연구소에 전화하는 모토로라의 마틴 쿠퍼.

이 시대의 영향

1970년대 말에는 개인용 컴퓨터가 사무실에 갖춰야 할 업무 도구로 자리 잡기 시작했어. 그때까지 100여 년을 써 오던 타자기를 대체하게 된 거야. 시장에서 경쟁을 벌이던 개인용 컴퓨터들은 서로 호환되지 않았어. 그야말로 창의적이면서도 혼란스러운 시기였지. 개인용 컴퓨터를 만든 사람들은 정식 경영 수업을 받지 않았지만, 컴퓨터에 대해서만큼은 천재적인 열정을 발휘했어. 이 시절만 해도 HP나 IBM 같은 대기업은 개인용 컴퓨터 시장에서 두각을 나타내지 못했어. 덕분에 혁신적인 아이디어로 가득한 작은 회사들이 그 빈자리를 채우게 되었지.

신화와 같은 아케이드 게임인 '스페이스 인베이더'는 1978년에 타이토에서 출시되었어.

중요한 발명들

마이크로프로세서 출시 · 1971

요즘은 거의 모든 기기에 마이크로프로세서가 장착되어 있어. 하지만 예전에는 계산기든 타이머든 해당 기기에 필요한 컴퓨터 칩을 따로 만들어야 했어. 그렇게 만들어진 칩은 정해진 작업만을 수행할 수 있었지. 1970년 인텔의 페데리코 파긴은 기기마다 다시 프로그래밍할 수 있는 집적 회로 칩을 만들고자 했어. 그럼 하나의 집적 회로 칩으로 여러 작업을 수행할 수 있기 때문에 시간과 비용이 절약되겠지? 파긴은 시마 마사토시의 논리 설계를 지원받아 인텔 4004의 아키텍처를 내놓았어. 다양한 일을 수행할 수 있는 하나의 칩을 완성한 거야. 기기마다 다른 코드로 프로그래밍만 하면 되었지.

마이크로프로세서는 범용이야. 그러니까 스프링클러나 핀볼을 조작하든, 프로그래밍 언어인 베이식을 실행하든 같은 마이크로프로세서를 사용하면 돼. 마이크로프로세서가 처음부터 컴퓨터용으로 개발된 것은 아니지만, IT 괴짜들은 마이크로프로세서를 해킹해 초기 가정용 컴퓨터에 장착했어.

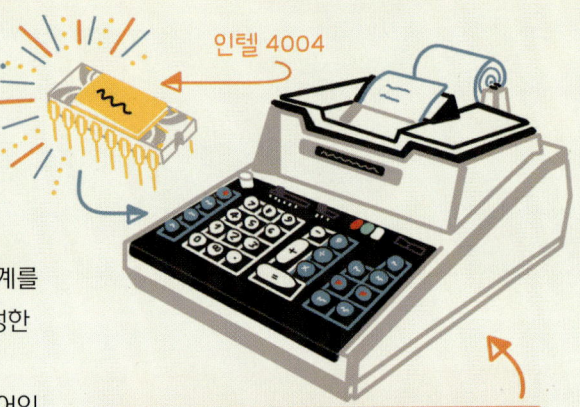

인텔 4004

최초의 마이크로프로세서는 계산기와 시계용으로 개발되었어. 일본의 비지컴이 자사의 프린터 겸 계산기에 사용했지.

플로피 디스크 · 1971

플로피 디스크가 등장하기 전 프로그래머들은 천공 카드, 거대하게 둘둘 말린 자기 테이프, 수백 장씩 쌓인 천공 종이 등으로 소프트웨어를 작성했어. 그 어느 것도 다루기가 쉽지 않았지. IBM은 1971년에 자사의 문서 작성 컴퓨터용으로 자기 플로피 디스크를 처음 출시했어. 그러나 플로피 디스크의 인기가 치솟은 건 애플 II용으로 출시되면서부터야. 우편 봉투에 넣어서 보낼 수 있을 만큼 작은 데다 새로운 개인용 컴퓨터에서 실행되는 비지칼크 같은 프로그램에 필요한 데이터를 안전하게 담을 수 있다는 장점도 가지고 있었지. 덕분에 소프트웨어가 전 세계로 판매될 수 있었고, 프로그래머들의 창업이 크게 늘었났어. 플로피 디스크는 소프트웨어를 저렴하게 배포할 수 있다는 장점 때문에 1990년대까지 널리 사용되었어.

멋지군! 내 새 소프트웨어가 도착했어.

플로피 디스크는 불법 복제가 쉽다는 단점이 있었어. 1992년에 소프트웨어 배포 협회는 대중을 상대로 한 공개 캠페인을 펼쳤어. '플로피 디스크 복제는 안 돼요!'라는 랩 음악이었지.

8인치 플로피 디스크

5.25인치 플로피 디스크

3.5인치 플로피 디스크

레이 톰린슨은 이메일 프로토콜에 사용할 기호로 @을 골랐어.

아파넷

아파넷 사용자들 상당수가 텔레타이프를 사용하고 있었어.

네트워크 기반 이메일 · 1971

네트워크 기반 이메일이 개발되기 전 사람들은 시분할 시스템 안에서만 메시지를 주고받을 수 있었어. 한 사람하고만 소통할 수 있는 데다 시스템이 다르면 그마저도 불가능했어. 같은 사무실이라도 다른 층에 있는 사람하고는 메시지를 주고받을 수 없었던 거지. 1971년 레이 톰린슨이라는 엔지니어가 네트워크로 연결된 컴퓨터끼리 파일을 주고받을 수 있는 CPYNET 프로그램을 만들었어. 만들고 보니 파일뿐만 아니라 메시지도 주고받을 수 있다는 사실을 깨달았어. CPYNET은 당시에 아파넷이라 불린 초창기 인터넷에서 사용할 수 있는 최초의 앱이 되었어. 2년 후에는 아파넷의 트래픽 가운데 50퍼센트 이상을 이메일이 차지했어.

에구, 스팸이네!

최초의 스팸 메일은 1978년에 전송되었어. 새로운 모델의 컴퓨터 출시 행사를 알리는 광고였지. 100여 명이 넘는 아파넷 사용자들이 그 이메일을 받았어. 물론 상당수는 짜증을 냈지.

주요 인물들

"미래를 예측하는 최고의 방법은 바로 미래를 만드는 거예요."

제록스 파크에서 일할 때 개인용 컴퓨터에 대한 청사진을 만들었어.

다이나북은 이후 출시되는 모든 태블릿 기기의 디자인에 영향을 끼쳤어.

· 앨런 케이 · 1940 -

앨런 케이는 다이나북의 콘셉트를 제시했어. 다이나북은 아이들의 학습용으로 출시된 작은 휴대용 컴퓨터야.

빌 게이츠와 마이크로소프트를 공동으로 창업했어.

지금은 기후 변화에 관심을 두고 엘런 맥아더 재단에서 일하고 있어.

1975년에 알테어 8800에 적용할 베이식 언어를 만들었어.

"언어는 진화하고, 아이디어는 서로 합쳐지게 마련이죠. 컴퓨터 기술 안에서 우리는 모두가 도움을 주고받는 관계입니다."

앨런은 기타 실력이 뛰어났고, 요트 항해를 즐겼어. NFL과 NBA 팀을 소유하기도 했고, 박물관 큐레이터로 활동하기도 했어.

· 왕안 ·
1920 - 1990

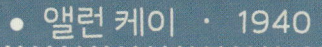

1960년대 메인프레임 컴퓨터에 사용되는 코어 기억 장치를 발명했어.

"성공은 천재성보다는 일관된 상식의 결과입니다."

· 폴 앨런 · 1953 - 2018

마이크로소프트의 소프트웨어를 모든 IBM PC에 탑재하는 계약을 마무리하고 돌연 컴퓨터 업계를 떠났어. 이후 자신의 여러 관심사에 매진했어.

· 리 펠젠스타인 · 1945 - ·

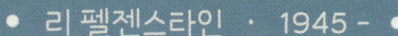

커뮤니티 메모리 프로젝트 개발에 참여했고, 홈브루 컴퓨터 클럽의 핵심 회원이었어.

"규칙을 바꾸려면 도구부터 바꾸세요."

페니휘슬 모뎀을 설계했고, 1976년에는 초창기 마이크로 컴퓨터인 SOL-20 설계에 참여했어.

중국 태생으로 1945년에 미국으로 이민 갔어. 하버드에서 물리학과 공학 분야의 박사 학위를 받기 위해서였어.

1951년에 왕 연구소를 세웠어. 1970년대와 1980년대에 가장 성공적이랄 수 있는 워드 프로세서와 계산기, 사무용 컴퓨터를 만들었어.

페데리코 파긴
··· 1941 - ···

1974년에는 자일로그를 공동으로 창업하고, Z80 마이크로프로세서를 만들었어. Z80은 지금도 가장 성공한 8비트 마이크로프로세서로 평가받고 있어.

이탈리아에서 태어나 1968년에 페어차일드 반도체에서 일하기 위해 미국으로 이민 갔어. 2년 후 최초의 인텔 마이크로프로세서를 발명했어.

애덤 오즈번과 함께 오즈번 컴퓨터 컴퍼니를 설립하고, 1981년에 오즈번 1을 설계했어. 오즈번 1은 최초의 휴대용 컴퓨터로 인정받는 컴퓨터야. 무게가 고작 11킬로그램에 불과했어!

시냅틱스를 공동으로 창업했어. 시냅틱스는 1986년에 현대적인 터치패드를 만들었어.

인물 편 특집

"인텔 4004는 아주 원시적인 컴퓨터예요. 하지만 다른 누구와도 공유할 필요가 없는 자기만의 컴퓨터라는 가능성을 예고했죠."

게리 킬달 · 1942 - 1994

1971년에 인텔이 첫 마이크로프로세서인 4004를 설계했을 때, 업계는 4004를 계산기나 산업 기계에만 사용할 수 있을 거라고 생각했어. 캘리포니아주 몬터레이의 젊은 수학과 교수인 게리 킬달은 인텔에서 파트타임으로 일하던 중에 최초의 마이크로프로세서를 접하게 되었어. 그는 이 작고 복잡한 칩이 가진 잠재력을 간파했어. 기계 코드 말고도 고수준 프로그래밍 언어까지 사용할 수 있을 거라는 생각을 하게 되었지.

킬달은 자라면서 항해사였던 아버지에게서 크랭크라는 기계 장치에 관한 아이디어를 들은 적이 있었어. 전 세계 어느 바다에 있든 배의 위치를 정확히 계산할 수 있는 장치였지. 킬달이 인텔 4004에 매료되었을 때 아버지의 크랭크에 관한 아이디어에서 영감을 받았고, 그 작은 중앙 처리 장치의 능력을 향상시키는 계기가 되었어. 킬달은 인텔 4004가 이해할 수 있는 컴퓨터 언어를 만들기 위해 밤을 지새웠어. 인텔 사무실 밖에 세워 둔 차에서 잘 때도 많았어. 훗날 그의 친구들이 말하길, 킬달이 그 일을 한 건 순전히 재미있어서였대. 왜냐하면 메임프레임 컴퓨터용으로 설계된 언어를 디지털 손목시계에나 사용되던 마이크로 칩에서 작동하도록 하는 것은 거의 불가능한 일이었기 때문이야.

그렇지만 킬달은 결국 해냈어. 1973년 그는 PL/M이라는 프로그래밍 언어 개발에 성공했어. 8비트 인텔 8008에서 작동하는 최초의 마이크로프로세서용 고수준 프로그래밍 언어였어. 킬달은 뒤이어 CP/M이라는 운영 체제도 만들었고, 아내 도로시와 함께 디지털 리서치를 창업했어. 마이크로프로세서 기반의 컴퓨터 시스템 구축을 비롯해 그가 이룬 업적은 이후 모든 컴퓨터가 따르게 되는 표준이 되었지.

"그 시절에는 대기업만이 컴퓨터를 가질 수 있었어요. 그 덕에 대기업은 작은 기업이나 개인이 할 수 없는 일을 할 수 있었죠. 우린 그런 불균형한 구조를 바꾸기 위해 나섰어요."

스티브 워즈니악 · 1950 -

애플의 공동 창업자인 스티브 워즈니악은 재미 삼아 컴퓨터를 만들기 시작했어. 워즈니악이 처음으로 쌓은 IT 경력은 장난으로 벌인 해킹이었어. 공학도였던 그가 라디오 부품을 조립해 만든 TV 전파 방해기로 TV 회사 직원들을 골탕 먹였던 거야. 십 대 시절에는 미니컴퓨터에 심취했어. 최소한의 부품만을 사용해 컴퓨터를 조립하는 것에 매료되었지. 종이에 자신만의 설계도를 그리며 언젠가는 컴퓨터를 꼭 만들겠다는 꿈을 꾸고는 했어. 대학 졸업 후에는 캘리포니아에 있는 HP에서 계산기를 설계했어. 남는 시간에는 동네 후배였던 스티브 잡스와 시간을 보냈어. 스티브 잡스 또한 전자 공학에 관심이 많은 괴짜였지.

1971년 두 스티브는 첫 사업을 시작했어. 블루 박스를 판매하는 회사였는데, 블루 박스는 장거리 전화를 무료로 걸 수 있게 해 주는 전화 해킹 장치였어. 재미로 만든 것이었지만 엄밀히 말해 불법이었지. 워즈니악과 잡스는 블루 박스로 바티칸에 전화를 걸어 교황과 통화를 시도하기도 했어. 1975년 워즈니악은 애플 I 컴퓨터를 설계하기 시작했어. 그는 애플 I의 설계도를 HP에 보여 주었지만, HP는 관심을 보이지 않았어. 잡스는 개인용 컴퓨터의 판매 가능성을 꿰뚫어 보았고, 두 스티브는 1976년 애플 컴퓨터 컴퍼니를 창업했어.

워즈니악은 아케이드 게임을 무척 좋아했어. 1975년에는 아타리의 인기 게임인 브레이크아웃용 회로 보드를 설계했어. 1977년에 애플 II를 설계할 때는 브레이크아웃을 위한 혁신적인 기능들을 추가하기도 했어. 컬러 그래픽과 사운드를 위한 회로와 게임 패들이었지. 워즈니악은 1980년대 중반까지 애플에서 일했어. 그 후에는 자신만의 다양한 전자 공학 프로젝트를 즐기며 초등학교 교사로, 교육 및 신기술 전파를 위한 강연자로 살고 있어.

창의적 도구, 컴퓨터

1980 - 1989

주류가 된 그래픽 사용자 인터페이스

1970년대에 시작된 개인용 컴퓨터의 혁신으로 마침내 사람들이 자기 집에 컴퓨터를 들여놓을 수 있게 되었어. 가격과 크기가 그만큼 적당해졌다는 말이지. 하지만 컴퓨터는 여전히 기술적으로 진보한 장치였기에 사용법을 배우기가 만만치 않았어. 컴퓨터를 가지고 뭐라도 하려면 복잡한 명령어를 입력해야만 했으니까. 그러다 또 한 번의 급진적인 변화를 겪고 나서야, 컴퓨터는 일반 사람들이 쉽게 쓸 수 있는 친근한 기기가 되었어. 그걸 가능하게 해 준 것이 바로 그래픽 사용자 인터페이스, 즉 GUI의 등장이야.

GUI는 어둡고 칙칙한 데다 외계어 같은 초록색 텍스트만이 가득하던 컴퓨터 화면을 어떤 용도인지 한눈에 알아볼 수 있는 아이콘이 배열된 형태로 바꿔 놓았어. 마치 '책상 위 모습'을 보는 것처럼 말이지. 마우스를 움직여 아이콘을 클릭만 하면 누구라도 컴퓨터를 사용할 있게 되었어. 1980년대에는 GUI 디자인이 훨씬 더 발전했어. 상업적으로도 많이 다듬어졌지. 덕분에 더 많은 사람들이 컴퓨터를 사게 되었어. 사무원은 집에서 업무를 처리하기 위해 IBM PC를 구매했고, 그래픽 디자이너는 멋진 매킨토시 컴퓨터에 매료되었어. 학생이나 주머니 사정이 넉넉하지 않은 사람들은 화려하면서도 저렴한 코모도어 64에 열광했어. 한편 기술이 빠르게 발전하면서 노트북이 우주 왕복선에도 사용되었어.

개인용 컴퓨터의 인기는 컴퓨터가 창의적인 도구로 거듭나는 데 촉매제 역할을 했어. 음악이나 영화를 비롯해 다양한 예술 작품이 전문 소프트웨어를 통해 새롭게 탄생할 수 있게 되었어. 불과 몇십 년 전까지만 해도 컴퓨터가 미사일의 탄도 계산을 위해 만들어진 크고 복잡한 기계였다는 사실을 생각하면 그저 놀라울 따름이야. 이제는 예술가들도 컴퓨터를 사용하게 됐으니 말이야. 1980년대는 컴퓨터가 예술가를 위한 필수 도구로 자리매김한 시기였어.

연대표

1981 — IBM의 첫 PC

IBM PC 5150

늦더라도 안 하는 것보다는 낫겠지? IBM이 드디어 개인용 컴퓨터, 즉 PC의 가치를 깨달았어.

1981 — 상업용 컴퓨터에 적용된 GUI

제록스가 GUI를 탑재한 첫 상업용 컴퓨터인 '스타'를 출시했어.

1984 — 3D 프린팅

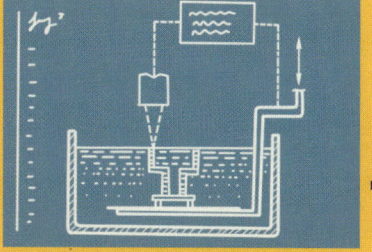

3D 프린팅은 모두 디지털 설계도를 이용해. 이 설계도에 따라 재료를 얇게 한 층씩 쌓으면서 원하는 물체를 만드는 거야.

찰스 헐은 자외선을 받으면 굳는 폴리머를 이용해 3D 프린팅 기술을 발명했어. 컴퓨터로 자외선 레이저의 위치를 조작하면 한 번에 한 층씩 3D 모양을 만들 수 있어.

1984 — CD-ROM

CD나 CD-ROM, 1978년에 도입된 레이저 디스크 등은 모두 미세한 홈을 파고 거기에 데이터를 저장해. 읽을 때는 광센서를 이용하지.

CD는 1982년에 디지털 음악용으로 첫선을 보였어. CD-ROM은 소프트웨어나 비디오 게임, 전자책 등을 CD에 저장하는 장치야. 저렴한 가격이 CD-ROM의 장점이지.

1986 — 픽사

픽사는 1989년에 단편 영화 〈틴 토이〉로 첫 오스카상을 수상했어.

픽사 애니메이션 스튜디오는 디지털 기반 애니메이션 영화들을 제작해서 유명해졌어. 스티브 잡스가 루카스필름으로부터 특수 효과 팀인 그래픽스 그룹을 인수해 설립한 스튜디오가 바로 픽사야.

닌텐도의 8비트 비디오 게임 콘솔

닌텐도는 1983년 일본에서 패밀리 컴퓨터라는 홈 엔터테인먼트 시스템을 출시했어. 이걸 줄여서 보통 패미컴이라고 해. 2년 뒤에는 이 모델을 업그레이드한 다음 닌텐도 엔터테인먼트 시스템, 즉 NES라는 이름으로 미국에 다시 출시했어. NES는 미국의 비디오 게임 업계를 완벽하게 부활시켰어.

플래시 메모리

일본의 컴퓨터 과학자인 마쓰오카 후지오가 도시바에서 근무할 때 플래시 메모리를 발명했어. 그는 1984년에 국제 반도체 소자 학회에 메모리 설계에 관한 논문을 발표했어. 플래시 메모리는 여러 번 지웠다 다시 프로그래밍할 수 있는 비휘발성 메모리 칩이야.

NSFNET 구축

미국 국립 과학 재단, 즉 NSF는 미국 각지의 대학에 설치된 슈퍼컴퓨터 센터 다섯 곳을 하나로 연결해 NSFNET을 구축했어. 얼마 지나지 않아 아파넷의 일부와 중소 규모의 대학 네트워크가 NSFNET에 합류했어. 이로써 인터넷의 척추인 백본 네트워크가 만들어지게 되었지.

상업적으로 성공한 최초의 태블릿 컴퓨터

그리드 시스템즈가 출시한 그리드패드 1900은 2킬로그램이나 나가는 무게와 높은 가격 탓에 주로 미군에서 사용했어. 당시 설계와 디자인을 담당했던 제프 호킨스는 나중에 팜파일럿을 내놓기도 했지.

역사 이야기

1983년 1월 시사 주간지 타임은 '올해의 인물' 대신 '올해의 기계'를 선정했고, 컴퓨터가 표지에 등장했어.

1980년대 일본 기업들은 반도체 산업의 선두 주자였어.

1981년 IBM PC가 마이크로소프트 어드벤처라는 게임과 함께 출시되었어. 마이크로소프트 어드벤처는 초창기 판타지 롤플레잉 게임으로 IBM의 판매 사원들을 많이 헷갈리게 했지.

1980년까지는 개인용 컴퓨터를 판매하는 소규모 회사가 많았어. 그렇지만 의미 있는 성공을 거둔 회사는 몇 없었지. 신생 기업이 만든 컴퓨터는 버그가 많고 서로 호환되지 않는 것이 문제였어. 그런 탓에 사람들은 IBM이 PC 시장에 진출하길 기다리고 있었어. 신뢰할 만한 친숙한 기업에서 PC를 만든다면 그만큼 안심할 수 있을 테니까 말이야.

마이크로소프트와 PC 클론

PC 혁명은 IBM을 완전히 충격에 빠뜨렸어. PC 분야에서 너무나 뒤쳐져 있던 IBM은 PC를 만들기 위해 장기 개발 일정에도 없던 팀을 따로 꾸려야 했지. 한편 마이크로소프트는 주요 가정용 컴퓨터에 베이식을 탑재하는 데 성공했어. 자사의 PC에 적용할 디스크 운영 체제 즉 DOS가 필요했던 IBM은 마이크로소프트와 접촉했어. 마이크로소프트는 발빠르게 움직였고, PC DOS라는 것을 만들어 IBM에 라이선스 형태로 판매했어. IBM의 경쟁사에게 판매할 수 있는 권리를 가진 채 말이야.

돈 에스트리지라는 엔지니어가 마이크로소프트와 빌 게이츠의 조언을 받으며 IBM의 PC 팀을 이끌었어. 12명의 컴퓨터 엔지니어로 구성된 PC 팀은 IBM의 관료적인 분위기에서 벗어나기 위해 플로리다주 보카러톤에다 사무실을 꾸렸어. 그 결과 IBM은 누구라도 새 구성 요소나 주변 장치를 설계할 수 있는 개방된 구조의 확장형 시스템을 개발했어. 초창기 알테어나 애플 II처럼 확장 슬롯 구조를 채택한 거야. IBM의 이전 제작 방식과는 완전히 달랐어. IBM이라는 대기업이 홈브루 컴퓨터 클럽의 괴짜들에게서 영향을 받아 컴퓨터를 만든 거지.

IBM PC는 1981년에 출시되었어! 그리고 2년도 채 되지 않아 업무용 컴퓨터 부문에서 애플 II를 따돌렸어. 하지만 생각지 못한 문제가 한 가지 있었어. 개발 팀은 개발 시간을 줄이기 위해 IBM의 고유 기술을 사용하는 대신 완성된 부품과 이미 존재하는 소프트웨어 기술을 가져왔어. 이 말이 무슨 뜻이냐면 다른 제조업체가 IBM PC에 사용되는 부품으로 컴퓨터를 만든 다음, 마이크로소프트의 MS-DOS 라이선스를 구매하면 IBM PC와 똑같은 클론 컴퓨터를 만들 수 있다는 거야. 더구나 이런 클론 컴퓨터는 IBM PC보다 훨씬 더 저렴했지. IBM PC나 클론 컴퓨터나 모두 PC라는 명칭으로 판매되었어. 몇 년 지나지 않아 IBM은 자신이 만든 시장에서 주도권을 잃고, 더 저렴한 컴팩이나 델 같은 IBM 호환 브랜드에 의해 밀려나기 시작했어. PC는 개인용 컴퓨터를 줄여 부르는 말이었지만, 점차 이들 컴퓨터를 가리키는 용어로 자리 잡게 되었어. 즉 제조업체와 상관없이 인텔과 호환하는 마이크로프로세서와 마이크로소프트 운영 체제를 탑재한 컴퓨터라면 모두 PC라고 불렀어. 이런 하드웨어와 소프트웨어의 구성은 개인용 컴퓨터 시장을 수십 년간 지배했어.

1980년대 네트워킹

1980년대 말 인터넷은 이미 16만 개 이상의 호스트로 구성될 만큼 성장했어. 인터넷은 비상업용 네트워크로서 미국 정부가 운영했어.

NSFNET
백본 네트워크
1988년 7월 – 1989년 7월

한편, 상업용 소규모 비공개 네트워크인 컴퓨서브나 프랑스의 미니텔 등도 성장을 거듭했어.

각종 게시판도 소규모 네트워크였어. 주로 최신 기술에 민감한 전문 사용자들이 애용했어. 이들은 게시판에 로그인해서 대화를 나누거나 소프트웨어를 주고받았어.

GUI의 시작

애플은 삭막한 컴퓨터에 '멋'을 가미한 기업이라고 할 수 있어. 1984년에 출시된 매킨토시는 유려하고 직관적인 GUI 덕분에 디자인과 기능 면에서 신화 같은 컴퓨터로 인정받고 있지. 그런데 매킨토시의 특징은 대부분 캘리포니아주 팰로앨토의 복사기 제조업체인 제록스에서 몇 년 전에 이미 개발한 것들이야. 제록스의 파크 연구소는 컴퓨터 공학 분야 인재들을 대거 영입하여 실험적인 연구들을 했어. 1970년대 파크의 연구진은 레이저 출력, 데스크톱 GUI, 이더넷 네트워킹 등 중요한 기술들을 많이 개발했어.

1973년에는 한 단계 진보한 미니컴퓨터인 알토를 개발했어. 이 미니컴퓨터는 윈도우 안에 파일을 넣고 이를 마우스로 클릭하는 기능이 특징이었어. 마치 더글러스 엥겔바트가 1968년에 만든 NLS 같았지. 알토의 GUI는 원시적인 텍스트 대신 아케이드 게임과 유사한 비트맵 기반 그래픽을 사용했어. 사용자는 복잡한 명령어를 입력하는 대신 마우스로 아이콘을 클릭만 하면 되는 거야.

알토의 화면에 표시되는 아이콘은 우리가 현실에서 보는 사물의 특징을 본떠 만들어졌어. 이를 가리켜 스큐어모픽 디자인이라고 해. 예를 들어 이메일 파일의 아이콘은 봉투 모양으로, 시간을 알려 주는 아이콘은 시계 모양으로 디자인하는 거야. 이 디자인 방식은 커다란 혁신을 불러왔고, 컴퓨터에 문외한인 사람들도 직관적으로 컴퓨터를 사용할 수 있게 되었어.

책상 위 비유

스큐어모픽 방식의 GUI는 실제 책상 위를 나타내는 아이콘들을 사용해.

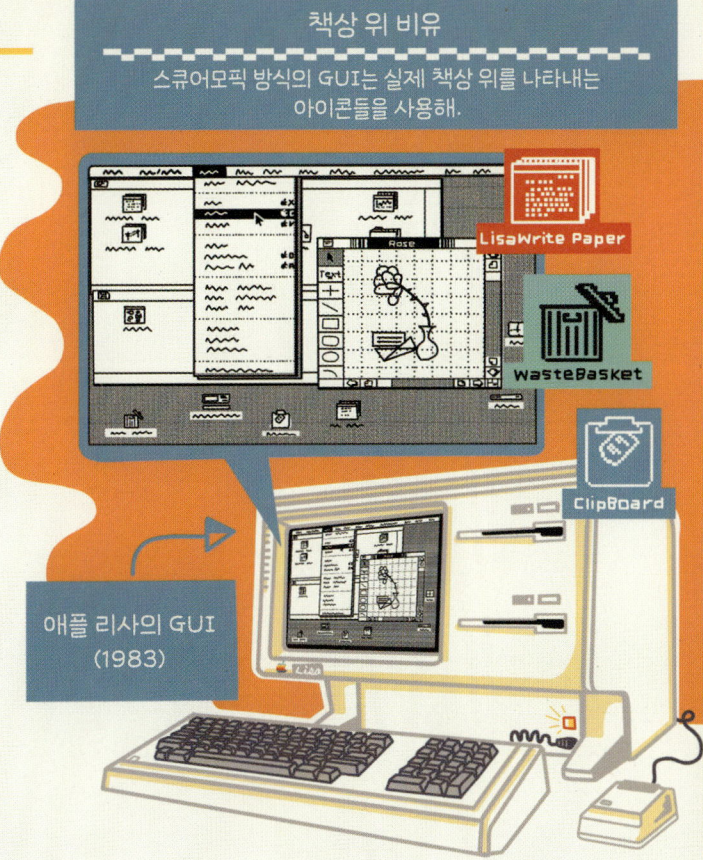

애플 리사의 GUI (1983)

알토는 실리콘 밸리에서 유명해졌어. 스티브 잡스와 애플의 엔지니어들은 1979년에 제록스 파크를 방문하고 윈도우 기반 그래픽에 깊은 인상을 받았어. 파크의 직원들 가운데 상당수가 1980년대에는 애플에서 일했지. 제록스와 애플의 아이디어 교환은 개인용 컴퓨터 시장에서 GUI를 발전시키는 데 큰 도움이 되었어.

사이버스페이스, 즉 가상 공간이라는 용어는 사이버펑크 SF 작가였던 윌리엄 깁슨 덕분에 유명해졌어.

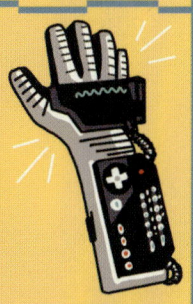

파워 글러브는 손동작으로 비디오 게임을 제어할 수 있어. 1989년에 출시되었는데, 성능은 좋지 못했어.

히스킷은 1984년에 가정용 로봇인 히어로 주니어(RT-1)를 출시했어. 이 로봇은 음파 탐지기로 사람의 목소리를 듣고 그 주변에서 대기하도록 프로그래밍되었어.

81

최초의 맥

1980년대 중반의 마이크로프로세서는 GUI를 지원할 만큼 강력해졌어. 애플은 1983년에 GUI를 탑재한 개인용 컴퓨터인 리사를 출시했어. 주목받을 만했지만 새 자동차 한 대 값에 달할 정도로 가격이 높았던 리사는 상대적으로 저렴한 IBM PC가 독점하다시피 한 시장에서 경쟁이 되지 않았어. 그래도 애플의 공동 창업자인 스티브 잡스는 단념하지 않았어. 미래 지향적인 기술을 선보이며 IBM을 이기기 위해 최선을 다했지. 잡스는 모든 역량을 차기 컴퓨터인 매킨토시에 쏟으며, 개발 팀을 한계에 다다를 때까지 밀어붙였어.

맥은 작은 회사들도 구입할 수 있도록 저렴하게 설계된 컴퓨터야. 마우스와 직관적이면서도 앙증맞은 데크스톱 GUI를 사용했고, 무엇보다 다양한 서체를 9인치짜리 고해상도 흑백 화면에 담아낸 것이 강점이었어. 어두운 화면에 초록색 혹은 주황색 텍스트만이 표시되던 개인용 컴퓨터 시장에 일대 혁신을 가져온 거야! 맥은 제록스에서 처음 개발한 위지위그 시스템을 기반으로 구축되었어. 위지위그는 종이에 인쇄되는 내용 그대로를 화면에서 볼 수 있는 시스템이야. 지금은 간단한 기술이지만, 당시만 하더라도 컴퓨터에 있는 자료를 출력하는 일은 무척 번거로운 작업이었어.

맥이 1984년 출시되었을 때는 새로운 기능들에도 불구하고 판매 실적이 저조했어. 대실패라고 생각할 정도였지. 수익을 내던 애플 II를 제쳐 두고 맥을 고집하던 잡스는 결국 1985년에 처음으로 애플에 손해를 안겨었어.

다행인 것은 때마침 등장한 몇몇 기술이 맥을 구원했다는 거야. 맥은 출판용 도구로서 그 진가를 발휘하기 시작했어. 애플은 1985년에 최초의 데스크톱 레이저 프린터라고 할 수 있는 레이저라이터와 근거리 통신망용 하드웨어 프로토콜인 애플토크를 출시했어. 비싸고 복잡했던 기존 출판 방식을 여러 대의 맥을 네트워크로 묶어 레이저 프린터에 연결하는 방식으로 대체할 수 있었던 거야. 이는 컴퓨터를 기반으로 한 전자 출판 붐을 일으켰고, 그래픽 디자인과 인쇄 매체에 대한 진입 장벽을 낮췄어.

처음에는 소수 마니아층을 위한 '예술병 걸린' 컴퓨터로 인식되던 맥은 창의적 활동의 핵심 도구로서 컴퓨터의 가치를 증명했어. 이후 맥은 발전을 거듭하며 예술가들에게 표준 컴퓨터로 자리 잡았어.

애플의 매킨토시를 소개하는 1984년 슈퍼볼 TV 광고는 디스토피아를 그린 조지 오웰의 소설 《1984》를 바탕으로 제작되었어.

스티브 잡스는 1985년에 넥스트라는 컴퓨터 회사를 창업했어.

넥스트의 첫 컴퓨터는 1988년에 출시되었어.

매킨토시

- 9인치 흑백 화면
- $2,495
- 모토로라 68000이라는 16비트 마이크로프로세서가 장착되었어.
- 맥라이트와 맥페인트 소프트웨어가 플로피 디스크에 담겨 함께 제공되었어.
- 스큐어모픽 아이콘
- 클릭하거나 끌어 놓기를 해서 파일을 저장하고, 이동시키고, 삭제해.

첫 매킨토시는 RAM이 고작 128K였어. RAM은 같은 해 업그레이드되어 동시에 4개의 프로그램을 실행할 수 있었어. 바로 맥 512K야. 별명이 '살찐 맥'이었지.

CGI와 영화

컴퓨터 애니메이션은 정보를 그래프나 도형 같은 형태로 표현하려는 필요에 따라 발전했어. 1960년대 초반의 벨 연구소에서는 벡터 애니메이션을 만들기 위해 예술가들이 오실로스코프의 출력 그림을 프레임마다 일일이 사진 찍는 방식으로 힘들게 작업했어. 몇 년 뒤에는 전문 애니메이터들이 기본적인 와이어프레임 CAD 프로그램을 사용해 영화 속 애니메이션을 만들었어. 1977년에 개봉한 루카스필름의 〈스타워즈〉나 1979년에 개봉한 디즈니의 〈블랙홀〉 같은 영화가 대표적이야.

현대적인 CGI 영화는 픽사 애니메이션 스튜디오에서 시작되었어. 루카스필름은 1986년에 자사의 그래픽 그룹을 스티브 잡스에게 팔았어. 잡스는 이를 기반으로 에드윈 캣멀, 앨비 레이 스미스와 함께 픽사를 설립했지. 컴퓨터 공학을 전공한 캣멀과 스미스는 루카스필름에서 상업용 영화에 들어갈 최초의 컬러 CGI 장면들을 작업했어. 스미스는 1970년대에 제록스 파크에서 일했는데, 그때 최초의 컴퓨터용 그리기 프로그램인 슈퍼페인트를 개발했어.

픽사 룩소 주니어의 와이어프레임 테스트 (1986).

틴 토이 (1988).

컴퓨터를 예술 도구로 사용하려는 잡스의 비전과 함께 픽사는 크게 성장했고, CGI의 핵심 기술들을 발전시켰어. 셰이딩, 라이팅, 입자 시뮬레이션 등이 그 예야. 1989년에는 CGI 그래픽으로 사진 같은 장면을 만들어 낼 수 있게 되었어. 픽사는 1988년 단편 애니메이션 부문 오스카상 수상작인 〈틴 토이〉에 렌더맨이라는 소프트웨어를 직접 만들어 사용했어. 또한 1995년에는 첫 장편 CGI 영화인 〈토이 스토리〉를 선보였어. CGI 기술은 이제 실제 장면인지 컴퓨터에서 만들어진 장면인지 구별하기 어려울 만큼 크게 발전했어.

마이크로 소프트 워드는 원래 이름이 멀티-툴 워드였어. 1983년에 처음 출시되었지.

1989년에는 워드 프로세싱 소프트웨어의 전 세계 표준이 되었어.

크레이 슈퍼컴퓨터는 1982년 영화 〈트론〉의 그래픽을 구현하는 데 사용되었어.

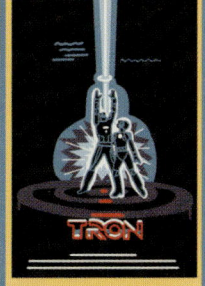

이 시대의 영향

1980년대 말 컴퓨터는 더 이상 전문 지식을 습득해야만 쓸 수 있는 기계가 아니었어. 복잡한 수식을 계산하기 위한 기계도 아니었지. 적당한 가격과 직관적인 GUI, 새로운 소프트웨어가 상승효과를 발휘하면서 컴퓨터는 모두를 위한 도구가 되었어. 컴퓨터가 보편화되면서 여러 대를 구입하는 회사나 학교도 많아졌어. 집에서 컴퓨터로 일을 하거나, 게임을 즐기거나, 음악을 만드는 일은 어느새 익숙한 풍경이 되었지. 이제 컴퓨터를 켜고, 마우스를 클릭하는 것은 사람들의 일상이 되었어.

닌텐도는 1989년에 게임보이를 출시했어. 정말 인기가 많았던 휴대용 비디오 게임 콘솔이었어.

중요한 발명들

대중을 위한 컴퓨터, 코모도어 64 · 1982

작지만 다재다능한 컴퓨터! 코모도어 64는 20세기 최고의 판매량을 기록한 컴퓨터 모델이야. 출시된 이후 12년 동안 최소 1,200만 대가 팔려 나갔어. 타의 추종을 불허하는 수준이었지. 64KB라는 '대용량' 메모리와 컬러 그래픽을 탑재한 코모도어 64는 1980년대 초반 최고의 가성비 컴퓨터였어. 코모도어의 창업자인 잭 트라미엘의 지독한 원가 절감 정책 덕분에 코모도어 64의 가격은 경쟁사의 절반 수준밖에 되지 않았어. 비디오 게임 플랫폼으로서 장난감 가게에서 쉽게 구할 수 있었던 코모도어 64는 많은 사람에게, 특히 아이들에게 프로그래밍 경험을 처음으로 안겨 주었던 컴퓨터이기도 해.

코모도어 64는 지금도 애호가들이 사용하고 있어.

수많은 코모도어 64용 게임이 만들어졌어.

최초의 랩톱 · 1982

그리드 컴퍼스는 최초의 휴대용 컴퓨터가 아니야. 그렇지만 특허받은 '클램셸' 디자인 덕분에 최초의 랩톱 컴퓨터로 불려. 요즘 노트북에서 볼 수 있는 여러 특징이 그리드 컴퍼스에도 적용되었거든. 특히 마그네슘 금속 케이스가 매우 견고해서 1983년 나사의 우주 왕복선 컬럼비아호에 실려 우주까지 갔지. 그리드 컴퍼스는 나사가 직접 제작하지 않고 외부에서 구입한 최초의 우주 왕복선용 기기이기도 해.

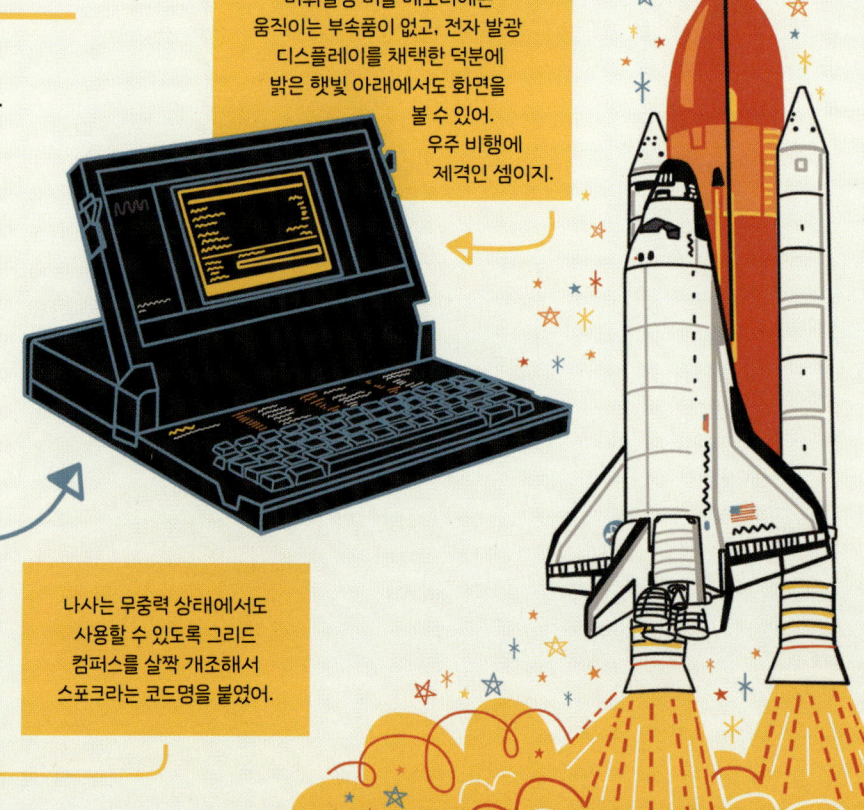

비휘발성 버블 메모리에는 움직이는 부속품이 없고, 전자 발광 디스플레이를 채택한 덕분에 밝은 햇빛 아래에서도 화면을 볼 수 있어. 우주 비행에 제격인 셈이지.

나사는 무중력 상태에서도 사용할 수 있도록 그리드 컴퍼스를 살짝 개조해서 스포크라는 코드명을 붙였어.

미디 · 1983

1970년대에는 디스코와 신시사이저 음악이 크게 유행했어. 하지만 다양한 신시사이저와 드럼 머신의 소리를 서로 섞는다는 게 꽤나 번거로운 일이었지. 새롭게 쏟아져 나오는 악기나 장비들을 제어하기 위해서 1983년에 미디가 개발되었어. 미디는 악기들이 서로 보조를 맞출 수 있는 표준 방식이야. 로봇 밴드가 하나의 악보를 보는 것과 비슷해. 미디 덕분에 가정용 컴퓨터가 전자 악기용 음악을 만들고 편집하는 데 사용되기 시작했어. 매킨토시 같은 컴퓨터는 초창기 GUI 기반 음악 편집기에 안성맞춤인 장비로 주목받았어.

초창기 미디 편집기는 지금의 디지털 오디오 워크스테이션과 비슷했어. 1977년에 토머스 스톡햄의 회사였던 사운드스트림은 디지털 오디오 워크스테이션 같은 기기를 처음으로 개발했어. PDP-11 미니컴퓨터에서 오디오를 녹음하고 편집할 수 있는 장비였지. 1980년대 후반에는 아타리 ST나 맥 같은 컴퓨터를 다른 주변 기기와 결합하여 스튜디오 수준의 음악을 녹음하고 믹싱할 수 있었어. 아날로그 테이프 장비가 가득했던 작업실의 풍경이 바뀐 거지. 이제는 어떤 공간도, 침실이나 지하실이라도 녹음 스튜디오가 될 수 있어.

주요 인물들

카케하시 이쿠타로
1930 - 2017

일본 오사카에서 태어났어.

16세에 라디오 수리점을 열었어. 그리고 취급 품목을 전자 오르간까지 늘렸어.

"음악은 목동이 피리 불던 시절만큼이나 오래되었지만, 지금 음악은 최첨단을 달리고 있죠."

1972년에 롤랜드를 창업했어. 1980년에 출시된 롤랜드의 TR-808은 가장 인기가 많은 드럼 머신이 되었어.

엔지니어였던 데이비드 스미스와 함께 디지털 악기를 위한 미디 표준을 제안했어.

에드윈 캣멀
1945 -

패트릭 핸러핸
1954 -

캣멀은 픽사의 공동 창업자였고, 핸러핸은 픽사의 초창기 직원이었어.

이 둘은 3D 컴퓨터 그래픽 분야에 이바지한 공로를 인정받아 튜링상을 수상했어.

"정말로 창의적인 회사가 되려면 실패할 수도 있는 일을 시작해야 해요."

30여 년간 픽사의 대표였어.

렌더맨 프로그램의 최고 아키텍트였어.

잭 트라미엘
1928 - 2012

홀로코스트에서 살아남은 뒤 미국으로 건너갔어. 미군에 입대해서 타자기를 수리했어.

"특별한 사람들이 아닌 대중을 위한 컴퓨터를 만들 거예요."

1955년에는 코모도어를 창업했어.

아타리를 1984년에서 1996년까지 경영했어.

수전 케어 ◆ 1954 -

매킨토시에 사용된 아이콘을 만든 그래픽 디자이너였어.

"좋은 디자인이란 어떻게 표현하는지보다 무엇을 표현하고 싶은지에 대한 고민에서 시작됩니다."

넥스트나 마이크로소프트, IBM, 페이스북, 핀터레스트 같은 IT 기업의 그래픽 디자인을 담당했어.

인물 편 특집

미야모토 시게루 · 1952 -

"게임은 미리 정해진 제한된 경험에서 현실 같은 경험으로 성장하며 발전하고 있어요. 상호 반응형 콘텐츠는 주위에 널려 있어요. 이미 연결된 상태로요."

슈퍼 마리오 브라더스나 젤다의 전설 같은 유명한 비디오 게임을 즐긴 적이 있다면 게임 디자이너 미야모토 시게루의 작품을 경험해 본 거야. 그의 작품에는 시게루가 어린 시절 산과 들판을 뛰어다니며 겪은 모험이 녹아들어 있어. 청년 시절 그는 악기 연주, 꼭두각시 인형극, 그림 그리기, 만화책 만들기 등에 관심이 많았다고 해. 1977년에 닌텐도에 입사했고, 1981년에는 첫 번째 성공작인 아케이드 게임, 동키콩을 내놓았어. 동키콩은 마치 만화처럼 플레이가 화면에서 펼쳐지는 최초의 비디오 게임이었지.

1983년에 출시된 닌텐도 엔터테인먼트 시스템, 줄여서 NES는 컴퓨팅 성능이 당시 가정용 컴퓨터와 비슷했어. 이걸 바탕으로 시게루는 자신의 어린 시절 모험을 재창조하겠다는 큰 야심을 품게 되었어. 그렇게 1985년 슈퍼 마리오 브라더스가 세상에 나왔어. 플레이어가 여러 세계를 모험하는 그야말로 횡스크롤 게임의 신화랄 수 있지. 1958년에 나온 테니스 포 투 게임 이후 정적인 경기장 스타일이 주를 이루던 비디오 게임을 한 차원 끌어올린 작품이기도 해. 시게루는 자신의 아이디어를 더욱 확장하여 1986년에 젤다의 전설 시리즈를 만들었어. 플레이어가 자신만의 속도로 탐험할 수 있는 거대한 열린 세계가 특징이었지. 시게루는 역사상 어떤 비디오 게임 디자이너보다 더 큰 영향력을 발휘했어. 그가 창조한 게임 속 세계들은 이후 다른 게임 디자이너와 작가, 사용자 인터페이스 개발자 등에게 많은 영감을 주었어.

스티브 잡스 · 1955 - 2011

"지금까지 우리가 만들어 낸 그 어떤 도구보다 다재다능한 도구가 바로 컴퓨터라고 생각해요. 정신을 위한 자전거와 같죠."

스티브 잡스는 누가 뭐래도 뛰어난 설득력을 가진 사업가이자 컴퓨터 역사의 아이콘 같은 인물이야. 비록 그의 동료들 말로는 코딩을 배운 적이 없다고는 하지만 말이야. 잡스의 가장 큰 강점은 뛰어난 디자이너와 공학자, 예술가와 함께하며 그들이 혁신을 이룰 있는 환경을 만들어 주었다는 데 있어.

잡스는 유럽과 일본의 미니멀리즘 디자인에 영향을 받아 그 미학을 자신의 제품 라인에 접목했어. 동시대 다른 컴퓨터 제조사들이 수익 문제에 집중하는 동안 잡스는 창의적인 방향으로 고개를 돌렸어. 매킨토시를 티파니 램프처럼 대량 생산할 수 있는 예술 작품으로 인식했던 거지.

맥을 개발하는 동안 잡스의 일방적인 말과 행동은 애플에서 마찰을 일으켰어. 결국 그는 1985년에 회사를 떠났어. 그렇지만 같은 해 넥스트라는 회사를 창업하고, 애플 직원 상당수를 다시 불렀어. 1년 뒤, 잡스는 픽사를 공동으로 설립했고, 픽사는 오스카상을 수상하는 등 업계 최고의 애니메이션 스튜디오로 자리매김했어.

1997년에 애플은 잡스를 CEO로 다시 고용했고, 그의 리더십은 무너져 가던 애플을 되살렸어. 잡스의 빛나는 성과는 다른 회사에서 빛을 보지 못한 아이디어나 창의적이지만 실패한 사례들을 가져와 새롭게 다듬었다는 데 있지. 잡스는 2001년 아이팟, 2007년 아이폰, 2010년 아이패드의 개발을 이끌었어. 그의 사용자 중심 디자인 스타일은 개인용 컴퓨터와 스마트 기기의 대중화에 크나큰 영향을 미쳤어.

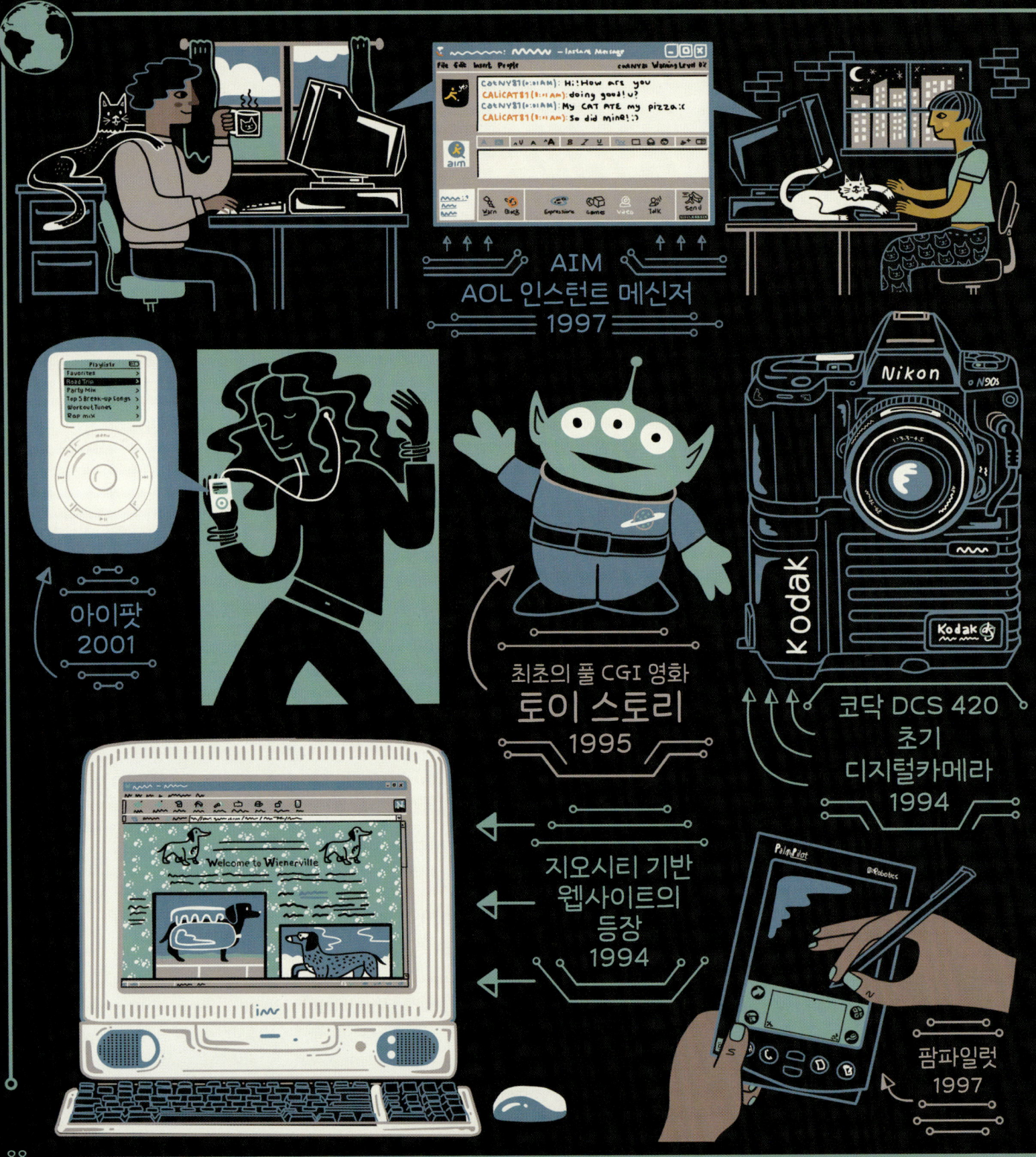

월드 와이드 웹

1990 - 2005

컴퓨터를 바꾸어 놓은 인터넷

1990년대 이전의 컴퓨터는 일종의 공구함이었어. 사무실이나 전산실에 자리 잡고 있다가 전원이 켜지면 정해진 일을 했지. 예를 들어 볼까? 어떤 집에 개인용 컴퓨터가 한 대 있어. 엄마는 세금을 계산하고 싶을 때 컴퓨터를 켜서 스프레드시트를 사용해. 아이들은 오리건 트레일 같은 컴퓨터 게임을 하고 싶을 때 컴퓨터 전원을 켜지. 그리고 필요한 일을 마치면 컴퓨터를 꺼. 마치 사용한 공구함을 제자리에 가져다 두는 것처럼 말이야. 1990년에 미국에서 컴퓨터를 소유한 가정은 전체의 15퍼센트밖에 되지 않았어. 그러던 것이 월드 와이드 웹이 개발되어 인터넷 사용이 늘어나면서 그 수치가 빠르게 증가했어. 사람들은 이제 자신의 컴퓨터를 이용해 '웹 서핑'을 하게 되었어.

인터넷 덕분에 컴퓨터는 멀티미디어 기기로 거듭났어. 로그인만 하면 뉴스를 읽거나 영상물을 보고, 친구와 수다를 떠는 등 원하는 일을 할 수 있기 때문이야. 인터넷은 크게 성장했어. 인터넷은 무한 업데이트되는 백과사전이기도 하고, 글로벌 시장이자 소통의 중심이기도 해. 상상할 수 있는 모든 것이 인터넷으로 통합된 거야. 인터넷 접속은 필수가 되었기에 많은 가정에서 컴퓨터를 구매했어. 2000년 무렵에는 미국 가정의 절반 이상이 컴퓨터를 가지고 있었다고 해.

1990년대를 흔히 '인터넷 개척 시대'라고 불러. 대박을 터트릴 기회나 팝업 광고, 새로운 비즈니스 모델이 적지 않은 시대였거든. 2000년대에 들어와서는 콘텐츠 제작자와 사용자의 구분이 모호해지면서 SNS 같은 새로운 종류의 온라인 공간이 생겨났어. 1990년대에서 2000년대 초반까지 우리는 수많은 흥행과 참패를 목격했어. 이 시기의 온갖 실험적인 시도와 성공과 실패가 오늘날 우리가 사는 이 세상의 모습을 만든 거야.

연대표

1990 월드 와이드 웹

1991년에 세계 최초로 문을 연 웹사이트

컴퓨터 과학자 팀 버너스리가 로베르 카요라는 정보 공학자의 도움을 받아 '웹'을 개발했어. 이후 비로소 인터넷 사용이 쉬워졌지. 웹은 인터넷에서 실행되는 애플리케이션이야. 서로 다른 곳에 있는 '웹 문서'에 하이퍼텍스트를 적용해 서로 연결하는 일을 하지.

1991 고성능 정보 처리법

미국은 수십 년 동안 상업적 행위를 배제한 채로 인터넷을 운영했어. 그러다 1991년에 고성능 정보 처리법을 통과시켰고, 이에 따라 마련된 6억 달러를 슈퍼컴퓨터 개발에 투입했어. 인터넷에는 처음으로 상업적 트래픽이 허용되었으며, 이는 결국 인터넷의 민영화로 이어졌어.

미국의 고성능 정보 처리법에 따라 자금 지원을 받은 모자이크

1993 모자이크 출시

브라우저는 요청된 웹 페이지를 서버에서 가져다주는 소프트웨어 애플리케이션이야. 그렇게 사용자가 웹에 접근할 수 있도록 해 주는 거지. 모자이크는 최초의 그래픽 기반 전문 브라우저로서 많은 사랑을 받았어.

1995 윈도우 95

윈도우 95 운영 체제는 출시 나흘 만에 100만 개 이상이 판매되었어. 대부분의 사람들이 윈도우 95의 바탕화면에 놓인 마이크로소프트의 인터넷 익스플로러를 통해 인터넷에 접속했어.

pets.com이나 webvan.com 같은 기업은 닷컴 거품과 붕괴의 상징이나 다름없어.

2000 닷컴의 붕괴

1990년대 말에 닷컴 기업들은 엄청난 자금을 투자받았어. 문제는 이들 회사 대부분이 지나치게 고평가되었다는 점이야. 많은 닷컴 기업이 이익을 내기도 전에 상장했어. 화려한 광고 캠페인을 선보이며 실적도 없이 예상 수익만을 내세웠지. 결국 2000년에 닷컴 거품이 꺼졌고, 주식 시장이 붕괴했어.

1991 리눅스 커널

유닉스를 기반으로 개발된 무료 운영 체제인 리눅스가 인터넷의 유즈넷 뉴스그룹에 출시되었어. 곧 수천 명의 자원자가 리눅스 개선 작업에 동참했고, 1992년에 오픈 소스 운영 체제로서 큰 인기를 누리기 시작했어.

리눅스의 공식 펭귄, 턱스
리눅스는 언제나 무료야. 지금도 전 세계 열성 개발자들이 리눅스를 개선하는 데 동참하고 있어.

1992 JPEG 표준

프랑스 미니텔 네트워크의 회원사들이 인터넷의 고품질 그림 파일을 작은 용량으로 압축할 수 있는 방법을 찾아낼 목적으로 합동 사진 전문가 단체인 JPEG을 결성했어. 1992년에 JPEG 표준이 발표되었고, 곧 널리 사용되는 그림 파일 형식이 되었어.

1996 노키아 9000 커뮤니케이터

인터넷에 접속할 수 있는 최초의 휴대 전화야. 핀란드에서 출시되었지.

1997 최초의 팝업 광고

팝업 광고는 배너 광고보다 클릭을 더 많이 유도할 수 있어. 아마도 우연히 클릭하는 경우가 많아서일 거야. 1990년대 말에는 짜증을 유발하는 이런 광고가 사용자의 브라우저 창을 뒤덮을 정도가 되었어. 그것 때문에 광고를 하려는 광고주와 사기꾼, 이를 막으려는 브라우저 개발자들 사이에 프로그래밍 경쟁이 치열해졌어.

2001 아이튠즈 출시

1990년대에는 음악을 온라인에서 다운로드할 수 있었어. MP3라는 압축된 디지털 파일을 이용했지. 이런 방식의 음악 소비는 음악 업계를 완전히 혼란에 빠뜨렸어. 사람들이 더 이상 카세트테이프나 CD를 구매하지 않았으니까. 애플은 이를 기회 삼아 음반 업계와 계약을 맺고 음악을 디지털 형태로 판매했어. 사람들은 아이튠즈로 음악을 구매한 다음, 애플 아이팟으로 들었어.

2005 웹 2.0의 상륙

역사가들은 대부분 1991년부터 2004년까지를 웹 1.0 시기라고 불러. 2005년부터 웹은 더 이상 정적인 웹사이트의 집합체가 아니었지. 사용자가 직접 만든 콘텐츠가 끊임없이 업데이트되는 사이트들이 그 자리를 대신했어. 이런 변화를 가리켜 웹 2.0이라고 불러.

내 블로그를 확인해 볼까?
오, 좋아! 친구 맺기 알림이 또 떴네.

역사 이야기

인터넷과 웹은 많은 경우 바꿔 써도 될 만큼 비슷한 말이지만 엄연히 다른 용어야! 인터넷은 컴퓨터들이 서로 연결된 물리적인 망과, 이 망으로 데이터가 어떻게 이동하는지에 대한 표준까지 합쳐 부르는 말이야. 웹은 인터넷을 기반으로 실행되는 일종의 애플리케이션이야. 페이지와 문서 등 각종 자원을 가리키는 하이퍼링크와 주소들이 마치 거미줄처럼 서로 연결된 형태라고 할 수 있어.

인터넷은 1969년에 개발된 미국의 군사 프로젝트인 아파넷이 그 시작이야. 아파넷은 1980년대까지 인터넷의 척추 역할을 했어. 이후 NSFNET으로 병합되었지. 세계 곳곳에서 다양한 소규모 네트워크가 생겨났지만, 메인 인터넷은 당시 운영 주체였던 미국 정부가 강력하게 통제했어. 게다가 NSFNET은 과학 및 연구 전용 무료 네트워크였어. 이 때문에 광고나 상거래, 인터넷 접속 요금 부과 등은 허용 자체가 불가능했지. 초창기 인터넷은 이메일 기능을 제외하면 학자들 전용 클럽과 다르지 않았어. 사용자 친화적이지도 않았고 말이야. 기사 몇 개를 읽으려면 길고 어려운 파일명을 찾아 끝도 없이 스크롤해야 했으니까. 인터넷의 진정한 잠재력이 아직 실현되지 않았던 때였어.

팀 버너스리

월드 와이드 웹

팀 버너스리는 스위스의 유럽 입자 물리학 연구소, 즉 CERN에서 소프트웨어 공학자로 일하면서 웹을 개발했어. CERN의 과학자들은 NSFNET을 이용해 이메일을 보내면서 입자 물리학을 연구했어. 연구소의 이곳저곳을 돌아다니던 버너스리는 건물의 복도를 통해 뉴스가 얼마나 빠르게 전달되는지 보고 영감을 받았어. 그런 집중화된 장소를 통해 사람들은 정보를 공유했어. 게시판의 공지를 읽고, 동료와 대화를 나누고, 다른 사람들의 대화를 엿듣기도 하면서 아이디어가 공유되는 거지. 버너스리는 인터넷이 그런 식으로 작동하길 바랐어! 그래서 그는 1989년 월드 와이드 웹을 제안했지.

웹은 연관된 웹 문서들을 클릭이 가능한 링크를 매개로 삼아 서로 연결했어. 이런 링크들은 하이퍼텍스트라고 하는 키워드 형태로 문서에 끼워 넣었지. 링크를 마우스로 클릭하면 한 문서에서 다른 문서로 쉽게 이동할 수 있었어. 웹 문서들은 나중에 웹 페이지 또는 웹사이트라고 불렸고, 버너스리가 개발한 HTML이라는 프로그래밍 언어를 사용해 만들어졌어. 월드 와이드 웹은 1990년에 로베르 카요의 도움을 받아 공식 출시되었고, 1991년에 대중에게 무료로 공개되었어.

웹에 업로드된 최초의 이미지는 1992년의 한 걸 그룹 사진이라고 해. 레 조리블르 세르넷이라는 두왑 밴드였는데, 멤버들 모두 CERN의 연구자였어.

AOL은 회원 가입을 권유하는 CD-ROM을 무료로 배포했어. 야구 경기장, 슈퍼마켓 등 장소를 가리지 않고 마구 뿌려 댔지. 심지어는 스테이크 같은 냉동식품에도 번들로 끼워 넣었어.

울타리 정원

1990년대 초반 인터넷 사용자들은 뭔가 속박된 느낌을 받았어. 그때의 인터넷은 '울타리 정원'처럼 닫힌 네트워크였거든. 이메일이나 스포츠, 뉴스, 게임 같은 한정된 콘텐츠만을 이용할 수 있었지.

넷스케이프 브라우저

브라우저 전쟁

마크 앤드리슨이 모자이크 프로젝트를 진행한 것은 22살 때였어. 1993년에 일리노이 대학을 졸업한 앤드리슨은 기업가였던 짐 클라크와 함께 넷스케이프를 창업했어. 앤드리슨의 목표는 자신이 처음 개발했던 모자이크 브라우저를 개선해 '모자이크 킬러'를 만드는 것이었어. 이 브라우저가 바로 넷스케이프 내비게이터야. 넷스케이프 내비게이터는 1994년 10월에 출시되었고, 600만 회 이상 다운로드되었어. 넷스케이프는 이듬해 상장했고, 주가는 하늘 높은 줄 모르고 치솟았어. 작은 회사가 순식간에 수십억 가치를 지닌 기업이 되었지.

이런 상황을 마이크로소프트의 빌 게이츠가 주목했어. 게이츠는 넷스케이프 내비게이터가 윈도우의 자리를 차지하게 될 수도 있다고 생각했어. 컴퓨터의 미래는 웹사이트 접속과 브라우저 기반 소프트웨어라는 것이 분명했거든. 1990년대 중반 마이크로소프트는 OS 시장을 독점하고 있었어. 윈도우 95는 역사상 가장 열렬한 기대를 받으며 출시되었고, 거기에는 인터넷 익스플로러라는 마이크로소프트의 브라우저가 기본으로 설치되어 있었어.

넷스케이프와 마이크로소프트는 자사 브라우저의 시장 점유율을 높이기 위해 애니메이션이나 오디오 스트리밍을 위한 미디어 기능을 추가하는 등 경쟁을 이어 갔어. 마이크로소프트는 한 걸음 더 나아가 윈도우에서는 익스플로러만을 사용하도록 강제했어. 내비게이터를 윈도우에 설치하지 못하도록 막았던 거야. 미국 정부는 마이크로소프트를 조사하고 반독점 소송을 제기했어. 이후 사용자들은 익스플로러가 아닌 다른 브라우저를 사용할 수 있게 되었지만, 이미 입은 피해는 돌이킬 수 없었지. 떨어질 대로 떨어진 시장 점유율을 넷스케이프는 결국 회복하지 못했어.

인터넷 브라우저 전쟁은 기술 분야에서 독점이 어떻게 이루어지는지 보여 주었던 대표적인 예야. 컴퓨터 역사에서 가장 창의적인 시기는 활발한 경쟁과 아이디어와 협업이 조화를 이룰 때야. 그런 시기가 저물면 창의성이 고갈되면서 독점이 뿌리를 내리게 되지.

브라우저

브라우저는 웹사이트를 탐색해서 화면에 보여주는 일을 해. 1990년에 팀 버너스리는 브라우저 겸 페이지 편집기인 넥서스를 출시했어. 이 브라우저는 텍스트 중심의 웹 페이지에서만 사용할 수 있었어. 이때는 웹 페이지가 현대적인 웹사이트와 거리가 먼, 글자들만 수두룩한 문서 같았거든. 1993년에 CERN과 버너스리는 웹을 개선하기 위한 크라우드소싱 차원에서 넥서스의 소스 코드를 인터넷에 공개했어.

같은 해 일리노이 대학의 마크 앤드리슨과 에릭 비나는 최초의 현대적인 브라우저라고 할 수 있는 모자이크를 공동으로 개발했어. 모자이크는 다양한 컴퓨터에 설치할 수 있었고 웹 페이지에서 이미지나 색상을 쉽게 표현할 수 있었어. 학술 논문이 아니라 화려한 잡지 같은 웹 페이지가 가능해진 거야. 모자이크가 출시된 지 1년도 되지 않아 수많은 웹사이트가 새로 생겨났지.

윈도우 95 출시 당시 광고비가 2억 달러나 쓰였다고 해. 그중에서 롤링 스톤스의 'Start Me Up'이라는 노래의 저작권 비용으로 300만 달러가 쓰였어.

이미지 편집기인 포토샵이 1990년에 첫선을 보였어.

이 책에 사용된 일러스트레이션 모두 포토샵으로 작업한 거야.

NSFNET은 1995년에 역사 속으로 사라지고, 인터넷의 백본은 민간 업체로 완전히 넘어갔어.

컴퓨터는 실사에 가까운 CGI 이미지를 영화 속에서 구현했어.
1991년 <터미네이터 2>

1993년 <쥬라기 공원>

1999년 <매트릭스>

1996년에 시작된 로보컵은 국제 로봇 공학 및 AI 축구 대회야.

검색 엔진

검색 엔진은 웹을 사용자 중심의 환경으로 만드는 데 큰 역할을 했어. 1990년대 중반에는 웹사이트가 폭발적으로 늘어났어. 자주 방문하는 웹사이트의 URL이야 쉽게 기억할 수 있고, 즐겨찾기 항목에 넣어 둘 수도 있지만, 새로운 웹사이트를 찾을 때는 어떻게 해야 할까? 주소도 모르는 웹사이트를 어떻게 찾느냐는 말이지.

최초의 현대적인 검색 엔진은 점프스테이션인데, 1993년에 스코틀랜드 스털링 대학의 조너선 플레처가 개발했어. 점프스테이션의 핵심은 자동화 프로그램인 '웹 크롤러'야. 이 프로그램은 인터넷의 모든 웹사이트를 탐색해서 색인화한 다음 서버에 저장해. 예를 들어 '스쿠버 다이빙'에 관해 검색을 해 볼까? 그럼 서버에 저장된 색인 정보가 '스쿠버 다이빙'이라는 키워드에 따라 정렬되고, 브라우저에는 이와 관련된 웹사이트들이 표시되는 거야.

초창기 검색 엔진은 대부분 이런 방식으로 작동했어. 웹사이트의 정렬은 정보의 질보다는 특정 키워드의 등장 횟수가 기준이 되었지. 그래서 많은 웹사이트가 자기 사이트의 방문자를 늘리기 위해 콘텐츠와 상관없는 특정 키워드를 반복해서 심어 두는 방법을 썼어. 심지어 이미지 뒤에 그런 키워드를 숨기기도 했지. 스쿠버 다이빙과 상관없는데도 이 키워드를 100만 번이나 심어 둔 웹사이트가 있다면 그곳이 검색 결과에서 맨 위를 차지하게 될 거야. 이렇게 되면 검색 엔진이 아무런 쓸모가 없겠지?

스탠퍼드 대학의 대학원생 두 명이 이런 문제를 해결했어. 바로 래리 페이지와 세르게이 브린이야. 이 둘은 우수한 논문이 다른 논문에 자주 인용된다는 점에 영감을 받아 한 웹사이트가 다른 웹사이트에 링크로 연결된 횟수를 측정하는 알고리즘을 만들었어. 이를 가리켜 백링크라고 해. 백링크가 많은 웹사이트가 검색 결과에서 상위에 표시되는 거지. 페이지와 브린은 1996년에 백럽이라는 연구 프로젝트를 시작했고, 이 검색 엔진을 기반으로 1998년 구글을 창업했어. 구글은 10의 100제곱이라는 의미의 '구골'을 살짝 바꾼 말이야.

검색 엔진 기업은 수많은 사용자 덕분에 큰 수익을 내고 있어. 그들은 광고 공간을 판매하거나, 협찬을 받고 특정 기업을 검색 결과에서 상단으로 올려. 구글 같은 검색 엔진은 또한 엄청난 양의 사용자 데이터에 접근할 수 있어. 사용자 데이터는 광고주나 정부에 상당히 귀중한 정보가 될 수 있지. 구글은 정확한 알고리즘 덕분에 2000년 닷컴 시장의 붕괴에도 살아남았어. 2004년에는 성공적으로 상장까지 하면서 인터넷 기업이 여전히 시장의 선두 주자임을 증명했지. 현재 구글은 전 세계에서 가장 영향력 있는 기업으로 성장했어.

전자 상거래

이 회사들은 온라인 쇼핑을 대중화했어.

아마존의 비즈니스 모델

사용자에게서 아마존으로 이동하는 돈

시장을 지배하려는 야심을 갖고 있던 아마존은 1994년에 온라인 서점으로 시작했어. 아마존의 등장으로 많은 업체가 문을 닫아야 했지. 온라인의 필요성을 느끼면서 말이야.

2000년대 초반 아마존은 '모든 것을 파는 상점'이 되었어.

이베이의 비즈니스 모델

사용자끼리 이동하는 돈

이베이는 1995년에 시작되었어. 온라인 경매 사이트였지. 이베이 같은 웹사이트는 사람들이 온라인으로 사업을 시작할 때 많은 도움이 되었어.

최초의 배너 광고

모든 것이 무료인 인터넷에서 어떻게 돈을 버냐고요? 바로 광고죠!

1994년에 와이어드 잡지가 최초로 온라인 배너 광고를 냈어.

온라인 광고가 인쇄물이나 TV 광고와 다른 점은 사람들이 광고를 얼마나 클릭했는지, 그리고 그 클릭이 얼마나 실제 판매로 이어졌는지 마케터가 알 수 있다는 거야. 이런 데이터는 매우 가치가 높아.

온라인 기업은 광고 공간이나 사용자 관련 데이터를 판매해 수익을 올려.

초기 소셜 미디어

초창기 웹은 콘텐츠 생산자와 소비자가 확실히 구분되었어. 소수의 사람이 수백만 명이 방문하는 웹사이트를 만들었으니까. 자신만의 웹사이트를 만들려면 HTML 코딩이라는 전문 지식을 갖고 있거나, 개발자를 고용할 수 있는 돈이 있어야 했지. 이런 상황은 1994년에 지오시티 플랫폼이 출시되면서 변화하기 시작했어. 코딩 지식이 별로 없어도 지오시티에서 제공하는 단순한 도구를 사용해 누구나 쉽게 자신만의 웹사이트를 만들 수 있었지. 지오시티는 1999년 최고의 인기를 누리면서 3억 8,000만 개 이상의 웹 페이지를 만들어 냈고, 각 페이지는 주제별로 분류되어 '동네'로 묶였어. 이로 인해 콘텐츠 제작자와 소비자 사이의 경계가 모호해지기 시작했어.

지오시티는 현대 소셜 네트워크의 원조와도 같아. 2000년대에는 2002년에 만들어진 프렌드스터나 2003년에 만들어진 마이스페이스 같은 초창기 소셜 미디어 플랫폼이 유행했어. 사용자들은 하루에도 몇 번씩 자신의 웹사이트에 접속해 글을 남기고, 페이지를 업데이트하면서 다른 사람들과 소통했어. 2004년에는 하버드 대학생이었던 마크 저커버그가 페이스북을 만들어 하버드 학생들을 서로 연결했어. 페이스북은 몇 년 뒤 다른 대학으로 대상을 넓혔고, 이후 폭발적으로 성장해 전 세계적인 미디어 회사가 되었어.

마크 저커버그는 대학 재학 중에 페이스매시라는 웹사이트를 만들었어. 신입생의 외모를 평가하는 웹사이트였어.

하버드 대학은 페이스매시를 폐쇄했어. 성차별적인 웹사이트였거든.

마이스페이스에 가입하면 당시 CEO였던 톰 앤더슨이 첫 번째 친구로 등록되었어.

이 시대의 영향

인터넷은 무한 업데이트되는 백과사전이기도 하고, 글로벌 시장이자 소통의 중심이기도 해. 상상할 수 있는 모든 것이 인터넷으로 통합된 거야. 2005년 하반기에 들어서는 웹이 성숙한 단계에 올라섰고, 콘텐츠 생산자와 사용자는 이제 구분되지 않는 하나의 개념이 되었어. 웹 2.0 시대가 열렸고, 이후 인터넷은 개인의 정체성을 확장하는 공간으로 바뀌게 되지.

아무리 드문 취미라고 해도 이제 사람들은 쉽게 커뮤니티를 찾을 수 있어. 심지어 관련 비즈니스를 시작할 수도 있지. 이전에는 상상하기 힘들었던 일이야.

유튜브 최초의 동영상은 2005년에 올라온 'Me at the zoo'야.

중요한 발명들

광대역 인터넷 · 1996

광대역 이전에는 전화선을 사용해 인터넷에 접속했어. 이때 모뎀이라는 장치가 필요했는데, 모뎀은 컴퓨터의 디지털 신호를 전화선의 아날로그 신호로 바꿔 주는 장치야. 이런 방식을 전화 접속 인터넷이라고 해. 1950년대 전화 통화를 목적으로 설계된 통신 인프라를 기반으로 구축된 시스템이었어. 그래서 대량의 디지털 데이터를 처리하기에는 역부족이었지. 당시 인터넷이 느렸던 것도 이 때문이었어. 특히 사진이나 동영상처럼 대용량 파일을 주고받기에는 턱없이 느렸어.

광대역은 전화 접속과는 비교할 수 없을 정도로 빠른 초고속 인터넷을 가능하게 해 줬어. 광대역은 케이블, 광섬유, 위성 등을 이용해 데이터를 전송해. 1996년 캐나다의 한 케이블 모뎀 업체가 북미 지역에 광대역 인터넷을 도입했어. 그러나 2000년대 초반이 되어서야 널리 퍼지기 시작했지. 2010년에 이르러서는 미국 가정의 65퍼센트가 광대역 인터넷을 이용하게 되었다고 해. 물론 시골 지역에서는 아직 전화 접속을 이용했지. 인터넷 속도는 곧 힘이야! 대용량 파일의 빠른 전송은 더욱 뛰어난 인터넷 사용 환경을 의미하니까 말이야.

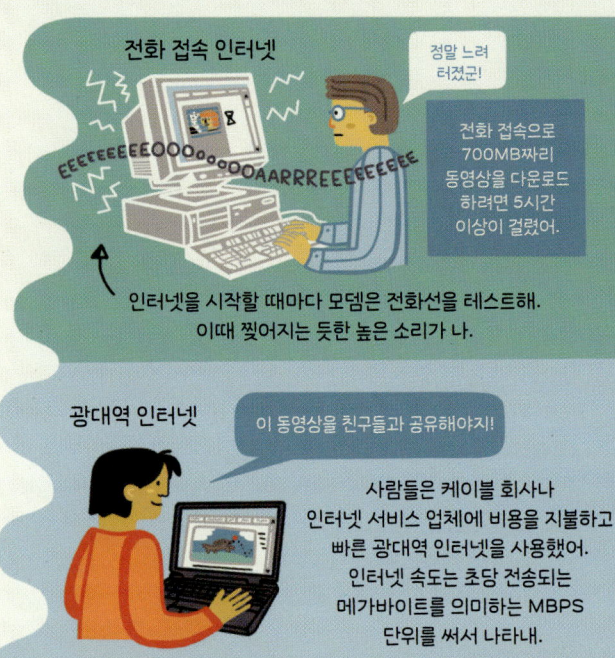

위키피디아 · 2001

지미 웨일스와 래리 생어는 2001년에 무료 온라인 백과사전인 위키피디아를 만들었어. 처음에는 누피디아라는 이름으로 불렸어. 정확한 정보를 전달하기 위해 문서 작성도 전문가로 한정했지. 누피디아를 만들 때 웨일스는 어떤 주제에 대해서든 전 세계 누구라도 공개적으로 내용을 작성하고 수정할 수 있는 백과사전을 만들자고 생각했어. 이와 같은 정보 수집과 편집 방식을 크라우드소싱이라고 해. 위키피디아는 빠르게 성장했어. 2007년에는 작성된 문서의 수만 해도 200만 개가 넘을 정도였어. 역사상 가장 방대한 백과사전이 된 셈이지. 위키피디아는 이후로도 성장을 거듭하여 인터넷에서 가장 방문자 수가 많은 웹사이트 중 하나가 되었어.

위키피디아는 방대한 주제를 다루고 있어. 특정 주제에 대해 일반적인 정보를 얻는 데 탁월한 곳이지. 하지만 위키피디아는 대중이 만드는 사전이기 때문에 실수나 편견, 오해 등이 있을 수 있어. 지금의 위키피디아에는 정책과 지침도 있고, 부정확한 정보를 거를 수 있는 관리자도 있어. 그렇게 해서 완벽하지는 않겠지만 사실에 근거를 두려는 거야. 온라인으로 정보를 얻을 때는 믿을 만한 출처를 통해 수집한 정보를 교차 검증하고, 연구 수준이 높은 간행물을 참고해야 해.

주요 인물들

리누스 토르발스 1969 -

"리눅스가 좋은 이유는 무엇인가를 넣으면 그 노력이 배가된다는 겁니다. 긍정적인 피드백 주기죠."

핀란드 헬싱키에서 태어났어.

1991년에 무료 운영 체제인 리눅스를 개발했어.

리눅스는 가장 인기가 많은 공개 운영 체제라고 할 수 있어. 리눅스의 다양한 버전이 전 세계의 스마트폰에서 실행되고 있어.

실비오 미칼리 1954-

두 사람은 암호학 분야의 공로를 인정받아 튜링상을 수상했어.

둘의 공동 논문인 <확률적 암호화>는 인터넷 보안의 발전에 큰 영향을 미쳤어.

찰스 랙코프와 함께 영지식 증명의 공동 주창자들이야. 영지식 증명은 암호화 프로토콜을 설계하는 열쇠 같은 역할을 해.

샤피 골드와서 1959-

피에르 오미디아 · 1967-

이베이의 괴팍하고 혼란스러운 사내 분위기는 초창기 웹 문화를 형성했어.

프랑스에서 태어난 이탈리아계 미국인 소프트웨어 공학자야.

"이베이가 성공할 수 있었던 건 이베이가 커뮤니티였기 때문이에요. 거기에 이베이의 진짜 가치와 힘이 있었던 거죠. 판매자와 구매자가 한자리에 모여 시장을 만든 거예요."

1995년에 이베이의 전신인 옥션웹을 시작했어. 취미 삼아 만들었지만 2001년, 이베이는 세계에서 가장 큰 전자 상거래 사이트라고 할 만큼 성장했어.

바버라 리스코프 1939-

자네트 윙과 함께 리스코프 치환 원칙을 개발했어. 바로 객체 지향 프로그래밍의 원칙이지.

프로그래밍 언어와 시스템 설계 분야의 기초를 닦은 공로를 인정받아 튜링상을 수상했어.

현재 MIT에서 프로그래밍 방법론 그룹을 지도하고 있어.

인물 편 특집

"제가 상상하는 웹은 우리가 지금까지 경험하지 못한 거예요. 미래는 과거보다 훨씬 더 크니까요."

팀 버너스리 경 · 1955 -

영국의 컴퓨터 과학자인 팀 버너스리 경은 기술 분야에 관심이 많은 가정에서 태어났어. 아버지, 어머니 모두 영국 최초의 상업용 컴퓨터인 페란티 마크 I을 사용했거든. 버너스리는 1976년에 옥스퍼드 대학을 졸업하고 몇 년간 소프트웨어 개발자로 일했어. 1980년에는 스위스에 있는 CERN에서 몇 달 동안 소프트웨어 컨설턴트로 일하기도 했어. 이때 하이퍼텍스트 링크를 사용하는 인콰이어라는 프로그램을 개발했어. 4년 뒤 그는 다시 CERN으로 돌아가 컴퓨터 네트워크를 개발하는 업무를 맡았어. 그는 과학자들이 데이터나 아이디어를 더 효율적으로 공유할 수 있는 방법을 고민했어. 그래서 1989년 월드 와이드 웹을 제안하게 된 거지. 버너스리는 이렇게 말했어. "처음에 생각했던 건 정보 공유를 통해 서로 소통할 수 있는 협업 공간이었어요." 1990년에 완성된 웹은 이듬해에 대중에게 공개되었어.

버너스리는 누구나 자유롭게 무료로 웹을 이용할 수 있도록 하기 위해 노력했어. 그가 말했듯 '천 송이의 꽃을 피우기' 위해서, 또한 혁신을 불러오기 위해서 말이야. 버너스리는 1994년에 웹 기술의 표준화를 추진하기 위해 월드 와이드 웹 컨소시엄을 설립했어. 웹의 성장을 촉진하면서도 일반 공개를 유지하는 것이 목표야. 이렇게 사회에 큰 공헌을 한 버너스리는 2004년 기사 작위를 받았어. 크고 작은 온라인 비즈니스에서부터 크라우드소싱 연구, 커뮤니티 게시판, 개인 블로그까지 웹에서는 그 어떤 것도 가능해. 그게 바로 버너스리가 만든 오픈 소스 웹 덕분이야.

"개인용 컴퓨터는 인간이 만들어 낸 가장 유연하면서도 강력한 도구라고 할 수 있어요. 소통의 도구이자 창의력의 도구죠. 쓰는 사람에 따라 그 모양새가 달라집니다."

빌 게이츠 · 1955 -

1990년대 마이크로소프트는 운영 체제 시장에서 누구도 부정하지 못하는 거대 독점 기업이었어. 그리고 창업자인 빌 게이츠는 권력과 명성의 정점에 있었어. 2000년에는 전 세계 컴퓨터 사용자의 97퍼센트가 윈도우 운영 체제를 사용했어. 마이크로소프트 오피스와 인터넷 익스플로러도 덩달아 표준이 되었지.

게이츠는 미국 워싱턴주 시애틀에서 태어났어. 그와 그의 어린 시절 친구인 폴 앨런은 고등학생 때 시분할 단말기로 프로그래밍을 연습했어. 둘은 아주 간단한 교통 흐름 데이터 수집 컴퓨터인 '트래프오데이터'를 만들었어. 그 과정에서 둘은 당시에는 흔하지 않았던 인텔 마이크로프로세서를 경험하게 되었지. 게이츠는 1975년에 앨런을 따라 하버드 대학을 그만두었어. 그리고 알테어 8800이라는 초기 가정용 컴퓨터에 베이식 언어를 적용하는 작업을 했어. 그해 게이츠와 앨런은 앨버커키에서 마이크로소프트를 공동으로 창업했어. 그들의 프로그래밍 언어인 마이크로소프트 베이식은 거의 모든 컴퓨터에 채택되었고, 그 덕분에 경쟁이 심한 기술 업계에서 일찍부터 자리를 잡을 수 있었어.

게이츠는 1980년대에도 회사를 계속 성장시켰어. IBM과의 협업을 통해 업계 표준으로 거듭났지. 마이크로소프트의 제품 중에서 가장 유명한 그래픽 기반 윈도우는 1985년에 처음 출시되었어. 게이츠의 리더십 덕분에 마이크로소프트는 1960년대에 IBM이 누렸던 인기와 시장 지배력을 가지게 되었어. 이 시기의 개인용 컴퓨터는 거의 예외 없이 윈도우 운영 체제를 사용했다고 보면 돼.

2000년 게이츠는 당시 부인과 함께 빌 앤 멀린다 게이츠 재단을 세우고, 자선 활동에 눈을 돌렸어. 주로 건강이나 교육, 빈곤 타파 같은 문제를 해결하기 위한 재단이었는데, 개인 재단으로는 세계에서 규모가 가장 컸어.

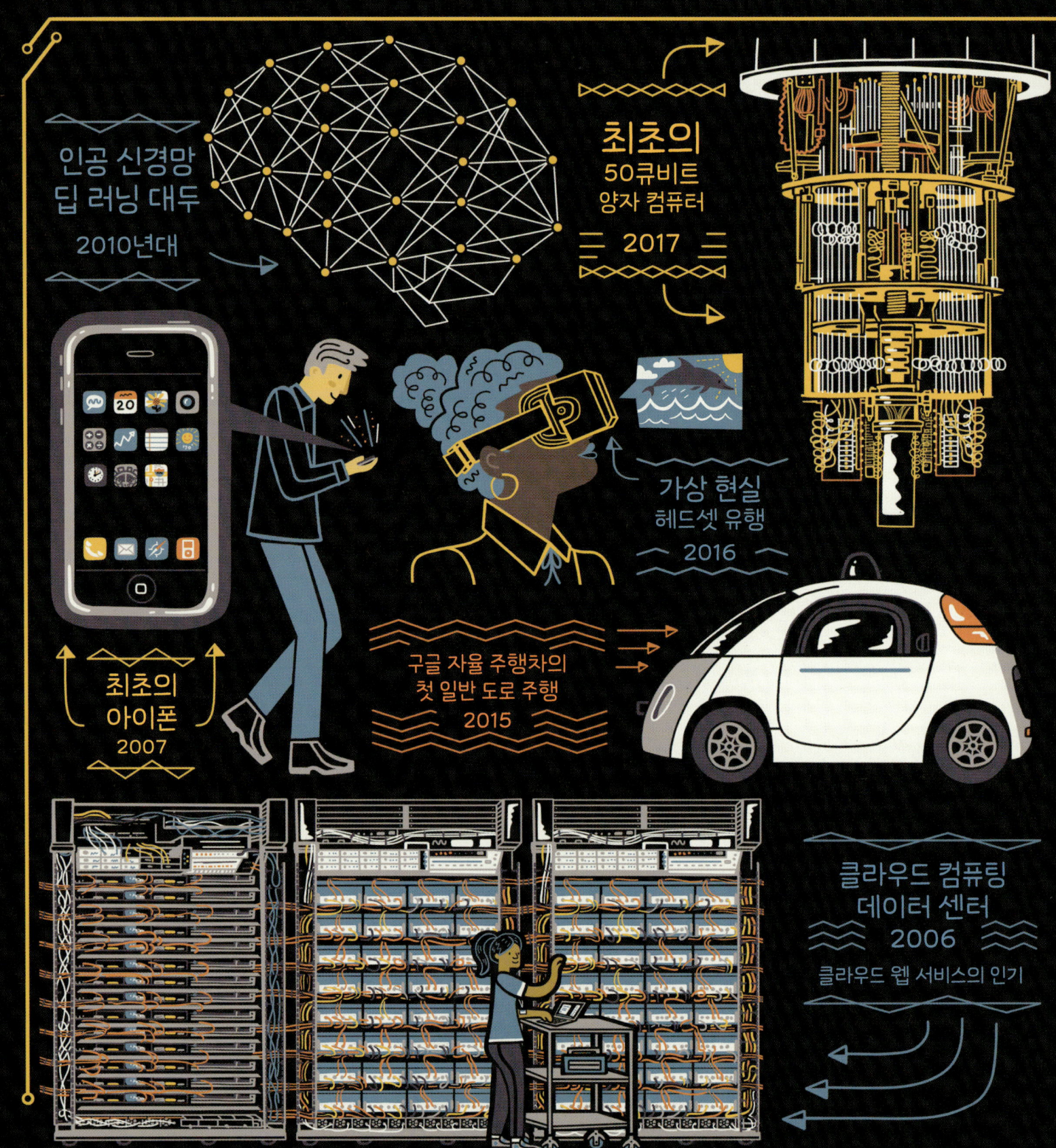

올인원 기기

2006 - 현재
휴대용 컴퓨터, 빅 데이터, AI

2005년에 웹 2.0 시대가 열렸어. 컴퓨터는 의사소통, 업무, 여가 등 우리의 삶에서 꼭 필요한 도구가 되었어. 그런데 불과 몇 년 지나지 않아 스마트폰이 그 자리를 대신하게 되었어. 휴대 전화, 컴퓨터, 디지털카메라, GPS 등이 결합된 이 올인원 기기는 지속적인 인터넷 접속을 위해 없어서는 안 될 도구가 되었어. 스마트폰의 등장은 엄청난 문화적 변화를 가져왔고, 우리의 삶은 인터넷에 크게 영향을 받게 되었어.

1990년대에 개발된 와이파이와 블루투스 기술은 2000년대에 와서 가전제품에 본격적으로 사용되기 시작했어. 온도 조절기나 냉장고, 보안 시스템 같은 장치에 와이파이나 블루투스 기술을 적용하면 인터넷에 연결된 스마트 장치가 되는 거야.

2010년대에는 휴대용 스마트 기기와 무선 인터넷 공유기 사용이 일반화되었어. 인터넷은 더 이상 책상 앞에서만 연결할 수 있는 게 아니었어. 그야말로 인터넷은 어디에나 존재했어. 온라인에서 생성되는 수많은 정보를 저장하기 위해 엄청난 규모의 데이터 센터들이 세워졌어. 무지막지하게 늘어 가는 데이터와 하루가 다르게 강력해지는 컴퓨터 성능 덕분에 복잡한 신경망을 가진 인공 지능이 발전하게 되었어. 앞으로 수십 년 동안 컴퓨터 기술의 발전은 AI 연구의 도약으로 정의될 거야.

연대표

사전에 등재된 '구글'

'구글'이라는 단어가 옥스퍼드 사전과 메리엄-웹스터 사전에 등재되었어. 사람들이 인터넷에서 뭔가를 검색할 때 대부분 구글 검색 엔진을 사용했거든. 구글의 검색 알고리즘이 살짝이라도 바뀌면 사람들은 전혀 다른 결과를 얻을지도 몰라.

라즈베리 파이

컴퓨터를 배우는 가장 좋은 방법은 프로그래밍을 해 보는 거야. 라즈베리 파이 재단은 학생들이 스크래치나 파이썬 같은 언어를 이용해 직접 수정하고 프로그래밍도 할 수 있는 소형 컴퓨터 보드를 개발했어. 2013년까지 100만 대가 넘는 라즈베리 파이 컴퓨터가 학습 도구로 사용되었어.

신경망을 활용한 구글 번역

이제 번역기는 신경망 기계 번역 기능을 활용해 문장을 읽을 수 있게 되었어. 단어의 정확한 어미와 시제, 복수형 등을 이해하면서 말이야. 기존 번역기가 한 번에 단어 하나, 어구 하나만을 읽을 수 있던 것에 비하면 엄청나게 발전한 거지.

지주 회사 알파벳

유튜브와 네스트, 구글 파이버와 안드로이드, 딥마인드 등도 알파벳의 자회사들이야.

성장을 거듭한 구글은 전 세계에서 가장 영향력 있는 초거대 IT 기업이 되었어. 2015년에는 지주 회사인 알파벳을 세웠고, 1년도 안 되는 기간에 200개가 넘는 기업을 사들였어. 알파벳에는 의료 사업과 AI, 자율 주행차와 인터넷 접속 등을 주력으로 하는 다양한 기업들이 포진되어 있어.

2007
해시태그의 화려한 등장!

해시태그, #의 기원은 1988년까지 올라가. 그때 IRC라는 인터넷 채팅이 유행했는데, 채팅 주제들을 분류할 때 사용하던 기호가 이 해시태그였어. 하지만 크게 주목받지는 못했어. 그러다 2007년에 크리스 메시나라는 한 블로거가 트위터에 #sandiegofire라는 해시태그를 사용하면서부터 크게 유행하기 시작했어. 그때부터 해시태그는 웃긴 이야기를 공유하는 것부터 정치적 운동을 조직하는 것에 이르기까지 다양하게 사용되고 있어.

트위터는 2009년에 해시태그 검색 기능을 선보였어.

2008
비트코인

비트코인으로 거래된 첫 상품은 피자 두 판이었어. 가격은 1만 비트코인이었지.

2008년에 《비트코인: 개인 대 개인 전자 화폐 시스템》이라는 논문이 공개되었어. 비트코인은 암호 화폐야. 익명의 전자 화폐를 가리키는 말이지. 비트코인은 비트코인 거래를 통해 가질 수 있는데, 비트코인의 가치는 시간이 지나면서 오르락내리락했어. 암호 화폐는 불법적인 물건을 온라인으로 구매할 때 사용되기도 해.

2014
세상에서 가장 작은 컴퓨터

미시간 대학의 컴퓨터 과학자들이 미시간 마이크로 모트, 이른바 M3라는 이름의 컴퓨터를 세 대 개발했어. 한 대는 온도를 측정하고, 다른 한 대는 압력을 측정하고, 나머지 한 대는 사진을 찍는 컴퓨터였어.

2014
세계 인구 분포와 인터넷 사용량

2010년대 중반에 이르면 인터넷 사용량만으로도 전 세계 인구 분포를 알 수 있는 정도로 전 세계 컴퓨터 사용량이 증가해. 2014년에 인터넷을 가장 많이 사용한 집단은 중국인이었어.

2020
시민 과학이 만든 슈퍼컴퓨터

시민 과학은 과학 연구에 대중이 참여하는 것을 말해.

바이러스의 단백질 접힘 같은 복잡한 모형을 만들려면 슈퍼컴퓨터가 필요하지만, 연구소라고 해서 전부 슈퍼컴퓨터에 접근할 수 있는 것은 아니야. 스탠퍼드 대학의 Folding@home 프로그램은 인터넷에 연결된 수많은 개인용 컴퓨터를 네트워크로 묶어 개별 처리 능력을 공유해. HIV나 에볼라 같은 바이러스의 구조를 만드는 데 Folding@home 프로그램이 활용되었어. 코로나19 팬데믹 기간에는 거의 100만 명에 이르는 새로운 개인 사용자가 자신의 컴퓨터를 이 프로그램에 연결해 코로나 연구에 큰 도움을 주었어. 2020년 봄에는 단지 몇 개월간이었지만 Folding@home 프로그램으로 연결된 네트워크가 전 세계에서 가장 빠른 슈퍼컴퓨터가 되기도 했어.

역사 이야기

2000년대 초반에는 사람들이 이런저런 전자기기를 가방에 넣고 다녔어. 비디오 게임 플레이어, MP3 플레이어, 휴대 전화, 디지털카메라…. 목적에 따라 기기도 제각각이었지. 그러던 것이 어떻게 바뀌었을까? 이 모든 기능을 하나로 합칠 수만 있다면? 그래 맞아! 컴퓨터나 다름없는 올인원 기기, 바로 스마트폰이 등장했어.

스티브 잡스

스마트폰

최초의 스마트폰은 1994년에 출시된 IBM의 사이먼이야. 벽돌과 비슷한 크기에 통화 시간은 겨우 30분밖에 되지 않았지. 무엇보다 이메일조차 보낼 수 없었던 실패작이었어. 이후 1996년에 출시된 노키아 9000 커뮤니케이터나 2002년에 출시된 블랙베리 5810은 초기 스마트폰 시장에서 나름 성공을 거두었어. 그렇지만 스마트폰 시장 자체는 여전히 틈새시장에 불과했지. 이 기기들은 보통 작은 화면과 플라스틱 버튼으로 된 작은 키보드를 갖고 있었어. 스마트폰은 무선 데이터를 사용하는 데 제약이 많았고 처리 능력이 떨어져 사람들의 호응을 얻지 못했어. 그러다 아이폰이 나오면서 모든 상황이 완전히 바뀌었지.

때는 2007년. 애플의 CEO 스티브 잡스는 아이폰을 공개하는 무대에 나가 직접 발표를 했어. 잡스는 드라마를 보고, 이메일에 답장하고, 사진을 찍고, 음악을 듣고, 전화를 걸었어. 아이폰 하나로 말이야! 게다가 이 모든 작업을 유리 화면을 살짝 두드리거나, 쓸어내리거나, 손가락을 오므렸다 펴는 간단한 동작으로 해냈지. 관객석에서 감탄사와 환호가 쏟아졌어. 정말 열광적인 반응이었어. 아이폰이 출시되었을 때 애플 스토어 앞에는 아이폰을 사려는 사람들로 북새통을 이뤘어. 텐트를 치고 밤을 지새운 사람들도 있었지.

아이폰은 본질적으로 휴대폰 기능이 있는 작은 태블릿 컴퓨터였어. 유리로 된 터치스크린과 편리한 사용자 인터페이스는 아이폰을 무엇이든 할 수 있는 만능 기기로 만들어 주었어. 실행하는 프로그램에 따라 다양한 기기로 변모할 수 있었지. 초기 스마트폰의 쓰임새를 제한했던 물리적인 버튼이 사라졌고, 어떤 소프트웨어도 구동할 수 있는 성능을 갖추고 있었어. 아이폰에는 애플의 사용자 인터페이스 팀이 만든 동작 제어 언어가 사용되었어. 그리고 이후 출시되는 모든 스마트폰의 표준 디자인이 되었지.

아이폰은 무선 네트워크 인프라가 어느 정도 갖춰졌을 때 탄생했어. 그래서 이전 스마트폰과는 다르게 아이폰은 웹을 검색하거나, 동영상을 감상하거나, 실시간 위치 추적을 할 수 있을 정도로 빠른 무선 처리 능력을 발휘할 수 있었지.

아이폰이 출시될 무렵 안드로이드(2005년에 구글에 인수됨.) 같은 기업도 모바일 운영 체제를 개발하고 있었어. 안드로이드 OS 기반의 첫 스마트폰은 2008년에 출시된 HTC 드림이야. 안드로이드 OS는 아이폰의 폐쇄형 iOS 모델과 달리 리눅스를 기반으로 하는 공개형 운영 체제야. 새로운 스마트폰을 사람들에게 선보인 건 애플이었지만, 정작 시장을 주도한 쪽은 안드로이드였어. 안드로이드는 OS를 오픈 소스 방식으로 유지했기 때문에, 스마트폰을 넘어 다른 스마트 기기들까지 그 적용 범위를 넓힐 수 있었거든. 2013년에는 안드로이드 기반의 스마트폰이 다른 스마트폰과 개인용 컴퓨터를 모두 합친 것보다 많이 팔렸어.

2007년에 킨들이라는 최초의 전자책 전용 태블릿이 개발되었어.

2012년에는 컴퓨터 데이터를 유전자 조작된 DNA 가닥 형태로 저장할 수 있다는 사실이 증명되었어.

DNA는 A, C, G, T로 구분되는 화학 물질로 구성되어 있는데, 각각 1과 0으로 나타낼 수 있어.

전화의 진화

애플리케이션

스마트폰이 다재다능한 능력을 발휘할 수 있었던 건 다 애플리케이션 덕분이야. 애플은 원래 특정 개발자에게만 아이폰용 앱을 만드는 것을 허락했어. 많은 사람이 이 정책을 합리적이지 못하다고 생각했어. 아이폰 같은 강력한 컴퓨터에 왜 제한을 두어야 하는지 이해할 수 없었거든. 결국 사람들은 자신이 직접 만든 프로그램을 설치하기 위해 아이폰을 해킹하기 시작했어. 애플은 해킹에 대한 대응으로 앱 스토어를 내놓았어. 다른 소프트웨어 회사들도 애플의 승인을 받으면 앱 스토어에서 자사의 앱을 판매할 수 있게 되었지. 2010년대 스타트업 회사들은 아이폰 디자이너의 상상을 뛰어넘는 앱들을 만들어 냈어. 이후 앱은 여러 분야에서 시장의 변화를 가져왔어. 당시 앱 개발 회사들은 비용도 적게 들고, 규제도 거의 없던 2010년대를 황금알을 낳는 시대로 바라보았어. 마치 1990년대 닷컴 열풍이 일었던 것처럼 말이야.

2010년대에는 비디오 게임의 화려한 그래픽과 온라인 플레이가 컴퓨터 혁신의 큰 동기였어.

오, 실감난다!

미국 공군은 2010년에 플레이스테이션 1,760대를 서로 연결해 강력한 슈퍼컴퓨터를 만들었어.

'콘도르 떼'라는 별명으로 불렸지.

스마트폰, 세상을 장악하다

프로그램 개발, 미디어 제작, 비즈니스 소프트웨어, 서버 호스팅 등 전문적인 작업을 하려면 여전히 데스크톱이나 노트북 컴퓨터가 필요해. 그렇지만 2015년 가장 널리 쓰인 컴퓨팅 장치는 PC가 아니었어. 바로 스마트폰이었지. 2019년에 퓨 리서치라는 회사는 전 세계 모바일 사용자 50억 명 중 절반 이상이 스마트폰을 사용한다고 추산했어. 2021년에는 미국 성인의 85퍼센트가 스마트폰을 갖고 있었다고 해. 그리고 성인의 15퍼센트는 다른 컴퓨터 없이 오직 스마트폰만을 이용해 인터넷에 접속한다고 대답했어. 나이가 어릴수록, 소득이 낮을수록 스마트폰 의존율이 높게 나타났어. 스마트폰 같은 기기는 PC보다 기능은 조금 떨어지지만 더 저렴하고, 사용하기 쉽다는 장점이 있어.

스마트폰이 나오면서 컴퓨터는 해체되기 시작했어. 우수한 처리 능력을 가지고 있지만 설계상 특정 목적으로만 사용하도록 제한을 둔 전자 기기들이 나오게 되었거든. 예를 들어 볼까? 스마트폰으로 책을 읽는 사람은 많아. 그런데 스마트폰으로 쓴 책은 별로 없지? 기술의 발전이 언제나 우상향인 것은 아니야. 요즘 태블릿은 2000년대 초반에 나왔던 PC보다 처리 능력이 훨씬 뛰어나. 그렇지만 저장 장치나 몇몇 기능의 관점에서 보자면 오히려 성능이 떨어진다고 할 수 있어. 심지어 1970년대에 태블릿 컴퓨터 (앨런 케이의 다이나북 같은) 개념을 처음 선보였던 엔지니어들이 제시한 성능 목표를 아직도 달성하지 못했어. 중요한 것은 과거를 현재를 위한 발판으로만 보지 않고 아직 실현하지 못한 아이디어의 원천으로 보는 거야.

2010년대에는 다양한 웨어러블 기기가 인기를 끌었어.

구글 안경 (2013년)

소니 스마트워치 (2012년)

핏빗 플렉스 (2013년)

2006년에는 미국 성인의 11퍼센트가 소셜 미디어를 사용했어.

15년 뒤, 미국 성인의 소셜 미디어 사용은 72퍼센트로 증가했어.

어디에나 있는 인터넷

과거의 인터넷은 컴퓨터로 접속해야만 들어갈 수 있는 장소였어. 지금은 사람들이 항상 인터넷에 연결되어 있기 때문에 오히려 '인터넷에 연결되지 않은' 장소를 찾는 것이 더 어려워졌어.

클라우드 컴퓨팅

클라우드라는 명칭 때문에 클라우드 컴퓨팅이 마치 데이터가 무슨 마법의 구름처럼 하늘에 둥둥 떠 있는 것으로 착각하는 사람들도 있어. 사실 '클라우드'는 방대한 데이터를 저장하고 처리할 수 있는 컴퓨터 서버들이 가로세로로 쌓여 있는 구조를 가리키는 말이야. 클라우드 서비스의 기원은 1960년대의 시분할 서비스까지 올라가. 당시 사람들은 터미널을 통해 강력한 원격 메인프레임 컴퓨터에 접속했어. 요즘 서버들은 데이터 센터라고 하는 거대한 창고 같은 곳에서 서늘한 상태로 유지·관리되고 있어. 구식 메인프레임 컴퓨터를 떠올리게 하지만 성능은 기하급수적으로 발전했지. 사람들은 인터넷을 통해 이런 서버에 접속하는 방식으로 저장 공간과 처리 능력을 빌리는 거야.

아마존이나 구글 같은 대기업은 전 세계적 규모의 데이터를 처리하기 위해서 그에 걸맞은 서버 인프라를 구축해야 했어. 2006년에는 클라우드 컴퓨팅 자체가 하나의 큰 사업이 되었지. 많은 기업이 저장소 부족 문제를 겪고 있었고, 클라우드 컴퓨팅은 그들의 대안이 되어 주었어. 거대 IT 기업이 소유한 원격 서버의 처리 능력과 저장 공간을 임대할 수 있게 된 거야. 스마트폰의 사용이 늘면서 이제 개인도 데이터를 클라우드에 저장하기 시작했어. 메인 기기가 데스크톱에서 강력한 서버에 연결된 휴대용 기기로 전환된 이 시대를 흔히 포스트 PC 시대라고 해.

소셜 미디어와 알고리즘

소셜 미디어 플랫폼은 2000년대 초반을 지나면서 커뮤니티 활동, 뉴스, 오락 등을 한꺼번에 소비할 수 있는 공간으로 자리매김했어. 어떤 면에서 보면 페이스북 같은 요즘 소셜 미디어 플랫폼은 1990년대 AOL처럼 정교하게 조성된 '울타리 정원' 같아.

소셜 미디어 네트워크는 광고주나 연구소, 정당 등에 사용자 데이터를 판매해 수익을 내. 여기에 덧붙여 광고 공간도 판매하고, 후원 업체의 콘텐츠를 노출하기도 하지.

이런 앱들은 모두 개인 데이터를 기반으로 AI가 적용된 알고리즘을 사용하여 사용자가 조금이라도 더 오래 머무를 수 있도록 유혹해. 재미있거나 호기심을 유발하는 자극적인 콘텐츠를 계속 노출하는 거지. 이런 방식은 광고 공간을 판매하는 기업의 입장에서는 보면 매우 효과적이야. 그렇지만 사용자가 뉴스의 대부분을 소셜 미디어에서 얻는다면 매우 위험한 시각을 갖게 될 수도 있어. 나쁜 알고리즘은 합법적이거나 사실에 기반한 뉴스보다는 흥미 위주의 선정적인 뉴스를 계속 보여 줄 테고, 그런 뉴스에 계속 노출되다 보면 잘못된 신념을 갖게 될 수도 있기 때문이야.

2013년에 어도비는 물리적인 소프트웨어 패키지 판매를 중단하고, 온라인 구독을 통해서만 자사의 프로그램을 이용할 수 있도록 정책을 바꾸었어.

소프트웨어 구독 서비스의 시초라고 할 수 있지.

2010년에는 인스타그램 최초의 사진이 올라왔어. 공동 창업자인 케빈 시스트롬이 찍은 거야.

타코 판매대 앞에 있는 강아지 사진이었지.

2012년에는 구글 X가 거대 신경망을 개발했어. 이 신경망은 유튜브에서 고양이 동영상을 찾아낼 수 있어.

이 AI는 10억 개의 파라미터로 이루어져 있어.

2016년에는 바로크 시대의 예술가인 렘브란트처럼 그림을 그리는 AI가 개발되었어. 그림을 출력할 때는 3D 프린터가 사용되었어.

빅 데이터와 사생활 보호

'빅 데이터'란 수십억 사용자의 개인 데이터를 처리하고 저장하는 IT 기업의 능력을 말해. 판매되는 데이터는 소셜 미디어에 올라온 사진, 동영상 시청 시간, 최근 온라인 구매 이력, 검색 이력, 출근 경로 등 매우 다양해. 정말 방대한 양이지! 이런 데이터는 스마트 기기와 온라인 활동을 추적해 수집하는데, 그 양이 인류 역사상 전례를 찾아볼 수 없을 만큼 빠른 속도로 늘어나고 있어.

개인 데이터는 매우 구체적이고 세세한 표적 광고에 쓰일 뿐만 아니라, AI 개발 같은 과학 및 사회 연구 분야에도 쓰여. 사용자 데이터를 저장하고 추적하는 기능 때문에 온라인 대중 감시도 가능해졌어. 그래서 요즘 사생활 보호에 관한 논쟁이 다양하게 벌어지고 있는 거야.

AI의 보편화

기계가 사람처럼 배우는 것이 가능할까? 이런 생각이 인공 지능, 즉 AI라고 불리는 컴퓨터 분야에 영감을 주었어. AI는 기계가 사람의 생각이나 행동을 모방하게 하는 학문이야. 과학자들은 기계 학습을 통해 이 목적을 달성해 나가고 있어. 기계 학습이란 기계를 훈련하기 위한 각종 알고리즘과 통계 모형을 가리키는 말이야.

일반적인 컴퓨터는 입력된 단계별 명령에 따라 프로그램을 수행해. 반면에 기계 학습은 명시적인 명령 없이 문제를 해결하도록 컴퓨터를 가르치는 거야. 컴퓨터는 알고리즘을 기반으로 훈련용 데이터를 면밀히 조사하여 스스로 학습해. 훈련용 데이터를 충분히 처리한 뒤에는 문제 해결을 위한 수학 모델을 직접 만들지.

지금까지 AI 분야는 여러 난관을 극복하며 발전해 왔어. AI가 인기도 별로 없고, 연구 자금도 삭감되던 시기를 역사가들은 'AI 겨울'이라고 표현하곤 해. 1990년대 초반 마이크로프로세서의 처리 속도가 충분히 빨라지면서 AI에 대한 관심에 다시 불이 붙었어. 2010년대에 인터넷으로 수집된 빅 데이터가 기하급수적으로 증가하고, 기계 학습 분야가 비약적으로 발전하면서 AI는 폭발적인 성장을 보였어. 컴퓨터 비전이나 음성 인식, 기계 번역 등의 분야가 눈에 띄는 성과를 내었지.

AI는 우리의 일상생활 속에 이미 깊게 들어와 있어. 의식적으로 느끼지 못할 뿐이지. 예를 들어 구글의 이미지 검색은 AI를 기반으로 작동해. 스마트폰의 문자 메시지 자동 완성 기능이나 음성 명령에 반응하는 기능 역시 AI가 바탕에 깔려 있어. AI는 번역도 바로 할 수 있어. 컴퓨터가 없으면 불가능한 작업도 AI에 맡길 수 있어. 은하나 아원자 입자의 구조를 보여 주는 일이 단적인 예야. 하지만 이런 예들은 AI가 할 수 있는 일 가운데 극히 일부분이야.

AI가 사람의 학습 방식이나 문제 해결 방식을 흉내 내고 있지만 아직은 사람과 비교할 수준이 아니야. 공상 과학 영화에서는 AI가 어떤 일이든 기가 막히게 해내고 사람과 굉장히 자연스럽게 대화하지만, 그런 강한 AI는 아직 상상 속에만 존재해.

인공 신경망과 딥 러닝

기계 학습 분야 가운데 하나인 인공 신경망과 딥 러닝은 AI에 사용되는 강력한 도구야.

인공 신경망은 사람의 뇌에서 작동하는 뉴런의 정보 전달 방식을 비슷하게 모방한다고 할 수 있어. 딥 러닝이란 하나의 신경망 안에 히든 레이어가 수도 없이 많은 것을 가리키는 말이야.

인공 신경망은 원래 1940년대에 시작된 개념이지만 2000년대 초반에 와서야 빛을 보게 되었어. 처리 능력이나 빅 데이터가 발전하면서 인공 신경망 모델을 확장할 수 있었기 때문이야.

2021년에 노스웨스턴 대학의 공학자들이 하늘을 나는 마이크로 칩을 최초로 개발했어.

마이크로플라이어라고 하는 이 칩은 크기가 모래알 하나만 하고, 꽃씨처럼 바람에 날려 다른 곳으로 이동할 수 있어.

신경망 구조

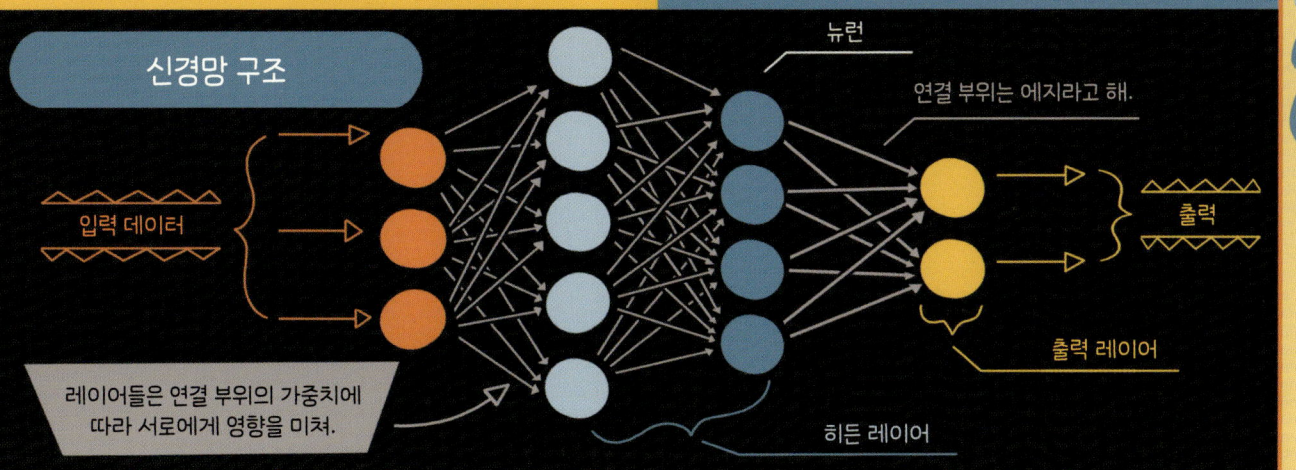

레이어들은 연결 부위의 가중치에 따라 서로에게 영향을 미쳐.

이 시대의 영향

사람들이 스마트폰과 인터넷에 항상 연결되어 있기 때문에 즉각적인 소통이 가능해졌어. 그것도 전 세계적인 차원에서 말이야. 멀리 떨어져 있는 가족이나 친구와도 쉽게 연락을 주고받을 수 있어. 먼 곳으로 여행을 떠난 친구나 다른 곳에서 일하는 가족도 항상 옆에 있다고 느낄 수 있게 된 거지. 온라인 비즈니스가 표준이 되었고, 소셜 미디어 덕분에 사람들은 자신의 삶을 그 어느 때보다도 더 활발히 공유하고 있어. 현대 사회는 이러한 지속적인 연결로 정의돼. 사람뿐만 아니라 사물과의 연결도 마찬가지야. 디지털 혁명은 계속해서 다가오고 있어. 크나큰 기회와 위험을 동시에 지니고서 말이야.

2021년에 페덱스는 자율 주행 트럭을 배송에 이용했어. 업계 최초로 말이야.

하지만 안전을 위해 운전기사는 여전히 필요해.

중요한 발명들

대세가 된 가상 비서 · 2011

벨 연구소는 1952년에 음성 인식 시스템을 최초로 개발했어. 오드리라는 이름의 이 기계는 높이가 2미터에 육박했는데, 0에서 9까지 음성으로 된 숫자를 인식할 수 있었어. 이후 음성 인식 기술은 크게 발전했어. 2011년에는 애플이 아이폰에서 시리를 처음으로 선보였어. 음성으로 작동하는 현대적인 가상 비서라고 할 수 있지. 물론 처음에는 문자 메시지 보내기, 날씨 확인, 알람 설정 등 단순한 작업만 가능했어. 그러다 몇 년도 채 지나지 않아 웹을 검색해 질문에 답을 하기 시작했고, 이제는 사용자의 습관이나 인터넷 사용 기록까지 활용해 대답을 구체화하는 수준까지 이르렀어. 다른 기업들도 자사의 스마트폰에 가상 비서를 탑재하기 시작했어. 2014년에 아마존은 가정용 가상 비서인 알렉사를 발표했고, 2년 뒤 구글은 구글 홈을 출시했어. 가상 비서들은 스마트 스피커에 장착된 마이크를 통해 음성 명령을 들을 수 있어.

최초의 상업용 양자 컴퓨터 · 2019

양자 컴퓨터는 완전히 새로운 종류의 컴퓨터야. 이 책에서 지금까지 설명한 컴퓨터는 전통적인 방식으로 작동하는 컴퓨터들이야. 1과 0만을 처리하는 수많은 트랜지스터로 구성된 논리 회로가 사용되지. 한편 양자 컴퓨터는 큐비트라는 양자 비트를 사용해. 큐비트는 1과 0을 동시에 나타낼 수 있어. 큐비트의 값은 중첩, 얽힘, 간섭이라는 양자 역학의 세 가지 속성을 사용해 조작할 수 있어. 중첩은 여러 상태를 가질 수 있는 능력이야. 예를 들어 동전이 회전할 때는 앞면도 아니고 뒷면도 아닌 거지.

최초의 양자 컴퓨팅은 1998년에 공개되었어. 두 개의 큐비트로 구성되어 한 번에 몇 나노초 동안 작동했지. 2019년에는 IBM이 과학 프로젝트나 상업적 용도로 사용할 수 있는 최초의 양자 컴퓨터를 공개했어.

컴퓨터 과학자들은 양자 컴퓨터가 기존의 컴퓨터로는 처리할 수 없었던 복잡한 문제들을 해결할 수 있을 것이라고 생각하고 있어. 물론 이 새로운 슈퍼컴퓨터가 실용화되려면 아직 갈 길이 멀어. 2020년대인 지금 우리가 양자 컴퓨터를 사용하는 능력은 1940년대 고전적인 컴퓨터를 사용하던 시절의 수준과 비슷하거든. 흥미롭지만 그 잠재력이 어느 정도인지 아직 모르는 거지.

스마트 홈 · 2011

케임브리지 대학의 과학자들은 커피를 마시러 '트로이의 방'이라고 불리던 메인 연구실까지 걸어가곤 했어. 힘들게 걸어갔는데 커피가 하나도 남지 않은 상황이 반복되자 과학자들은 참다못해 방법을 생각해 냈어. 커피포트를 비추는 디지털카메라를 설치한 다음, 원격으로 커피포트의 상태를 관찰했던 거야. 1993년에 이 '트로이의 방 커피포트'가 인터넷으로 생중계되었고, 그렇게 최초의 웹캠이 되었어. 이 기기는 스마트 기기라고 하기에는 턱없이 부족했지만, 생활용품을 원격으로 관리할 수 있다는 사실을 일깨워 주었어.

2011년에는 네스트가 스스로 학습하는 온도 조절기를 출시했어. 최초의 스마트 가전제품이라고 할 수 있는 이 온도 조절기는 인터넷에 연결되어 스마트폰으로 조작할 수 있었어. 더구나 AI가 적용되었기 때문에 사용자의 선호도나 온도 패턴을 학습할 수도 있었지. 네스트의 성공으로 스마트 가전제품 시장이 본격적으로 성장하기 시작했어.

주요 인물들

킴벌리 브라이언트 · 1967 -

2013년에 백악관으로부터 기술 포용을 위한 변화라는 부문에서 공로를 인정받았어.

"기술 직종은 빠르게 늘고 있어요. 컴퓨터 과학에 대한 수요도 엄청나게 커졌죠. 모든 여성은 피부색과 상관없이 기술 분야에 뛰어들 기회를 얻어야 해요."

전기 공학자로 생체 기술 분야에서 경력을 쌓았어. 그리고 2011년에 블랙 걸즈 코드를 설립했지. 블랙 걸즈 코드는 기술 분야에서 흑인 여성들이 처한 열악한 환경을 해결하려는 교육 단체야.

젠슨 황 1963 -

"디스플레이가 곧 컴퓨터예요."

대만 태생의 미국인 사업가이자 전기 공학자야.

젠슨 황은 그래픽 프로세서 제조사인 엔비디아를 1993년에 창업했어. PC에서 3차원 그래픽 게임이 크게 유행한 데는 엔비디아의 GPU가 큰 역할을 했어.

엔비디아는 슈퍼컴퓨터와 그래픽 카드에 사용되는 마이크로프로세서를 설계하는 대표 회사로 성장했어.

제프리 힌턴 ▷▷▷ 1947 - ◁◁◁

'딥 러닝의 대부'라고 불리는 사람이야.

구글의 연구 팀인 '구글 브레인'에서 일했고, 토론토 대학에서 AI를 연구했어.

딥 러닝을 AI의 최전선으로 끌어올렸고, 컴퓨터 비전 분야를 발전시켰어.

"인공 지능이 제대로 작동하기 위해서는 인간과 비슷한 방식으로 계산할 수 있어야 해요. 그게 저의 오랜 신념입니다.
▷▷▷ 우리는 앞으로 나아가고 있어요. ◁◁◁
물론 인간의 두뇌가 어떻게 동작하는지 아직도 배울 것이 너무나 많지만 말이에요."

1986년에 데이비드 러멜하트, 로널드 윌리엄스와 함께 논문을 발표했어. <오류 역전파에 의한 표현 학습>이라는 제목의 이 논문은 신경망을 훈련하는 강력한 역전파 알고리즘을 대중화시켰어.

21세기 기술 업계의 거물들

아래 다섯 명은 뛰어난 IT 기업을 창업해 억만장자가 된 사람들이야. 이들의 정치적 영향력은 어마어마해. 그리고 기술 업계나 개인 정보, 데이터 수집 등의 분야에서 입김도 대단하지.

아마존의 제프 베이조스

페이스북의 마크 저커버그

테슬라의 일론 머스크

알리바바의 잭 마

트위터의 잭 도시

단체 편 특집

"전자 프런티어 재단의 임무는 기술이 모든 사람의 자유와 정의, 혁신을 위해 사용될 수 있도록 하는 것이에요."

전자 프런티어 재단 · 1990 -

전자 프런티어 재단은 인터넷상 인권을 보호할 목적으로 1990년대 초반에 설립되었어. 초창기 웹에는 많은 혼란이 있었어. 지식 격차도 컸지. 당시 미국 정부는 인터넷 해커를 소탕하려는 열정이 너무 지나쳐 종종 무고한 사용자의 컴퓨터와 장비를 압수하는 실수를 저지르곤 했어. 전자 프런티어 재단은 의회에 나가 하루가 다르게 변화하는 최신 기술을 설명하기도 하고, 미국 헌법의 보호 기능이 디지털 세상으로까지 확대될 수 있도록 로비를 하기도 했어.

전자 프런티어 재단은 온라인 인권과 정보의 자유를 보호하기 위해 지속적인 노력을 기울여 왔어. 컴퓨터 과학자, 기술자, 법률가, 활동가 등이 전자 프런티어 재단의 구성원들이야. 이들은 인터넷 사용자의 디지털 권리를 위해 함께 힘쓰고 있어. 사생활 보호 권리, 기술 접근 능력, 감시 저항 등이 이들의 주 관심사야.

"우리의 임무는 누구나 모든 지식에 접근할 수 있도록 하는 것이에요."

인터넷 아카이브 · 1996 -

초창기 인터넷의 모습은 이제 거의 사라지고 없어. 1920년대 무성 영화처럼 웹사이트도 보존할 상업적인 가치가 없다면 가치 없이 폐기되었지.

1996년이 되어서야 인터넷 아카이브 창업자인 브루스터 케일과 브루스 길리앗이 '웹 크롤러'라는 프로그램을 사용해 웹사이트의 모습을 마치 사진 찍듯 기록하기 시작했어. 인터넷 아카이브의 웨이백 머신에는 1990년대 후반 인터넷의 모습이 보존되어 있어. 기발했던 각종 기능과 이미지, 저해상 애니메이션도 그대로 볼 수 있지. 이 도구는 누구나 사용할 수 있기 때문에 어떤 웹사이트든 URL를 검색하면 과거 특정 시점의 모습을 확인할 수 있어.

온라인 정보는 영원하지 않다는 근본적인 문제를 가지고 있어. 그래서 웨이백 머신은 특히 기자들에게 없어서는 안 될 도구가 되었어. 정부나 그 밖의 단체들이 사전 통보 없이 변경했거나 임의로 숨겼을지도 모르는 정보를 웨이백 머신을 통해 알아낼 수 있기 때문이야.

샌프란시스코에 본사를 둔 인터넷 아카이브는 인터넷을 끊임없이 백업해 두는 디지털 도서관이랄 수 있어. 인터넷 아카이브는 지금 이 순간에도 계속 확장되고 있고 여기서 수백만 권의 책과 동영상, 오디오 녹음 기록이나 소프트웨어를 찾아볼 수 있어.

한마디로 인터넷 아카이브는 세계에서 가장 큰 컴퓨터 소프트웨어 보관소야. 이 책에서 살펴본 여러 유명한 프로그램도 보존하고 있지.

디지털 세상이 직면한 문제들

증기 기관이 산업 혁명에 미친 영향과 마찬가지로, 새로운 컴퓨팅 기술의 도입은 우리의 노동 방식이나 사회 구성 방식에 큰 변화를 가져왔어.

자동화와 노동

인간의 단순하고 지루한 정신적, 육체적 노동을 덜기 위한 목적으로 새로운 AI와 로봇이 개발되고 있어. 1800년대 증기 기관과 조립 공정의 등장으로 많은 사람의 일자리가 사라진 것처럼, 자동화가 사람을 대신하면서 노동 현장도 크게 변화할 거야. 앱 회사들의 운송 및 소매 관련 일자리는 이미 저임금 임시직으로 전환되었어. 입법자들은 이런 새로운 종류의 노동력을 어떻게 분류해야 할지, 앱 회사들이 직원에게 지급해야 할 혜택과 급여는 어떻게 규정해야 할지 고민하고 있어.

전자 쓰레기

컴퓨터를 만들려면 재생할 수 없는 자원이 많이 필요해. 석유나 금, 희토류 등이 대표적인 예야. 수리를 할 수 없도록 설계되어 해마다 새 제품으로 대체되는 가전제품도 많아. 자원 낭비에다가 생태적으로도 무책임한 일이지. 귀중한 자원이 쓰레기로 버려지지 않게 하기 위해서는 '순환 경제'를 생각하며 제품을 만들어야 해. 고장나도 고쳐 쓸 수 있고, 불편한 점을 개선할 수도 있는 환경 친화적인 제품을 만들어야지.

신뢰할 수 있는 출처

인터넷에서는 어떤 정보든 찾을 수 있어. 정말 멋진 일이기도 하지만, 그만큼 위험한 일이기도 해. 인터넷에는 잘못된 정보도 무척 많거든. 능동적이든 수동적이든 우리가 소비하는 정보는 우리의 세계관에 영향을 미쳐. 온라인 정보는 신뢰할 수 있는 출처를 통해 사실을 확인하는 작업이 꼭 필요해.

개인 정보와 사생활

각종 스마트 기기 덕분에 IT 기업들은 우리가 상상하는 것 이상으로 많은 개인 정보를 보유하게 되었어. 존중받아야 하는 사생활이 어디까지인지 그 기준은 사람마다, 문화마다 달라.

디지털 암흑시대

디지털 데이터는 영원할 것처럼 보이지. 그렇지만 언제든 사라질 수 있는 것이 바로 디지털 데이터야. 디지털 데이터도 물리적인 기록 장치가 필요하고, 이런 장치들은 망가지기 쉬워. '디지털 암흑시대'는 미래의 고고학자가 이전 세대의 오래된 컴퓨터 파일을 읽을 수 없는 시대를 말해. 미래의 기계가 과거의 데이터를 읽을 수 있다는 보장은 없거든. 만약 거대한 규모의 태양면 폭발이라도 일어난다면 디지털 정보 보관소에 보관되어 있던 데이터는 영구적인 손상을 입을지도 몰라. 구글의 데이터 관리인 릭 웨스트는 이런 말을 했어. "지금 우리가 20세기 초반에 대해 아는 것보다 21세기 초반에 대해 아는 것이 더 적은 시대가 올지도 모릅니다."

AI 알고리즘과 편견

AI는 인간의 정신노동을 덜 수 있는 강력한 도구이지만 아직 완벽하지는 않아. AI의 알고리즘에는 만든 사람의 편견이 들어갈 수 있거든. AI가 편견을 가지면 구직자의 이력서를 분류하거나 대출 신청자의 서류를 검토할 때 문제를 일으킬 수 있어. 편견을 가진 AI가 얼굴을 인식한다면 생각만 해도 끔찍하겠지? AI는 만들고 사용하는 사람들의 도덕 수준이나 정치적 성향을 그대로 드러내. 그러니까 누군가 나쁜 의도를 가지고 사용한다면 매우 위험할 수 있어.

망 중립성

망 중립성은 모든 웹사이트와 인터넷 서비스가 사용자 누구에게나 동일한 연결 속도를 제공해야 한다는 원칙이야. 다시 말해 인터넷 서비스 제공자는 어떤 웹사이트를 다른 웹사이트보다 더 빠르고 쉽게 접속하게 해서는 안 된다는 거야. 이런 이유에서 망 중립성은 표현의 자유와 기업의 자유에 크나큰 영향을 미쳐. 현재 유럽이 가장 강력한 망 중립성 보호 정책을 펼치고 있어.

디지털 격차

컴퓨터와 인터넷은 현대 생활에서, 특히 교육에서 필수품이 되었어. 하지만 여전히 개인용 컴퓨터를 구입할 여력이 없는 사람들이 많아. 적절한 하드웨어가 없으면 컴퓨터를 활용하는 직장이나 학교에 다닐 수 없지. 아직 쓸 만한 많은 컴퓨터들이 폐기되고 있어. 빠르고 안정적인 인터넷을 누리지 못하는 사람도 무척 많지. 사람은 누구나 온전한 기술을 누릴 권리가 있는데 말이야!

컴퓨터의 미래

현재의 기술과 컴퓨터 과학의 연구 성과를 살펴보면 미래의 모습을 어느 정도 예측할 수 있어. 컴퓨터 공학자들이 지금 연구에 매진하고 있는 첨단 기술들을 소개할게.

완전 자율 주행 자동차

자율 주행차는 지금도 운행 중이야. 어느 정도는 사람의 역할이 필요하지만 말이야. 앞으로 몇십 년 후에는 자율 주행차가 주요 교통수단이 될 거야. 물론 도로에서 발생할 수 있는 모든 위험 요소를 식별하려면 매우 강력한 컴퓨터가 필요하지. 그건 사람도 하기 힘든 일이거든.

유비쿼터스 컴퓨팅

컴퓨터 과학자들은 '사물 인터넷'이 미래의 모습을 엿볼 수 있는 단서라고 생각해. 미래에는 모든 곳에 컴퓨터가 있을 거야. 우리의 옷에도, 집 안의 벽에도 컴퓨터가 내장되어서 공기 중 미세 먼지 같은 걸 측정하는 거지. 컴퓨터는 앞으로 눈에 보이지는 않지만 언제 어디에나 있는 유비쿼터스 기술이 될 거야.

특이점이 오게 될 AI

인간이 할 수 있는 모든 지적 작업을 수행할 수 있는 AI를 '강한 인공 지능'이라고 해. 물론 이런 AI를 만드는 것은 아직 먼일이라고 할 수 있지. 사람의 지능보다 더 똑똑한 인공 지능을 '기술적 특이점'이라고 하는데, 이 지점에 도달하는 것이 많은 인공 지능 연구자들의 목표야. 하지만 공상 과학 영화에나 어울리는 아주 먼 목표이기도 해.

빅 데이터 그리고 가설이 없는 과학

과학은 세상에 대한 질문으로부터 시작될 때가 많아. 그렇지만 무슨 질문을 해야 할지 모를 때는 어떻게 해야 할까? 현대 과학은 데이터를 수집하고 분석하는 것이 기본이야. 미래에는 컴퓨터가 지구 곳곳에 설치된 센서를 통해 데이터를 자동으로 수집할 거야. AI가 이 결과를 토대로 어떤 패턴을 찾아내겠지. 그러니까 예전처럼 가설을 세우지 않아도 과학자들은 AI가 찾아낸 패턴으로 더 많은 것을 알아낼 수 있게 되는 거야.

맺는 말

컴퓨터는 인류가 만든 최고의 도구라고 할 수 있어. 도구는 상상의 한계를 넓혀 줘. 망치는 못을 박는 데 쓰는 도구지만, 망치를 이용하면 나무판을 서로 연결해 새로운 형태를 만들 수 있어. 전에 없던 무언가를 창조해 낼 수 있다는 말이야. 컴퓨터는 우리의 지적 능력을 확장하는 도구야. 인류가 더 큰 꿈을 꿀 수 있도록 새로운 가능성을 열어 주었지.

컴퓨터 역사에서 신기술은 대개 강력한 힘을 가진 소수에게만 허락되었어. 컴퓨터도, 그리고 심지어 인터넷도 처음에는 정부나 대기업만 사용할 수 있었고, 전문 교육을 받은 사람만이 이해할 수 있었어. 그러다가 조금씩 대중이 접근할 수 있는 기술이 되었고, 이제 많은 사람들이 컴퓨터의 힘을 손에 쥐게 되었어.

역사상 개인이 컴퓨터를 사용하게 된 건 아주 짧은 순간에 지나지 않아. 그런데도, 아니 오히려 그렇기 때문에 첨단 기술이 어떻게 사용되는지 비판적인 태도를 지니는 것이 중요해. 우리의 미래가 과거 소수만의 전유물이었던 컴퓨터 세상을 닮을 필요는 없기 때문이야. 도구를 윤리적이고 신중한 태도로 개발하고 사용한다면 우리가 지금 마주한 많은 문제를 해결할 수 있을 거야.

자, 질문을 할게. 컴퓨터 기술로 뭘 하고 싶어? 뭘 배우고 싶어? 뭘 만들고 싶어?

"어떤 발견이든 그 첫걸음, 정확하지는 않더라도 그 첫 측정이 인류의 기존 지식에 큰 기여를 하는 거예요."
-찰스 배비지

"우리가 내다볼 수 있는 거리는 아주 짧습니다. 그렇지만 해야 할 일이 무척 많다는 건 아주 잘 보입니다."
-앨런 튜링

저자 소개

레이첼 이그노토프스키 지음
미국 캘리포니아주에 살고 있는 뉴욕타임스 베스트셀러 작가이자 일러스트레이터야. 만화와 푸딩을 영양분 삼아 뉴저지주에서 어린 시절을 보냈고, 2011년에는 타일러 예술 및 건축 학교의 그래픽 디자인 프로그램을 마쳤어. 주로 역사와 과학에서 영감을 얻으며 그림이 흥미진진한 공부의 원동력이라고 믿고 있어. 깊이 있는 정보를 쉽고 재미있게 전달할 수 있는 작품을 만드는 데 매진하고 있어. 지은 책으로는 『세상을 바꾼 여성 과학자 50』 『유리병 속의 생태계』 『꽃 속에는 뭐가 있을까?』 『안녕, 과학!』 들이 있어.

늘 글, 그림과 함께하지요.

레이첼의 빈티지 컴퓨터 컬렉션!

배장열 옮김
스마트폰 게임 개발이라는 목표를 동기 부여 삼아 전원 생활을 준비하고 있는 iOS, 안드로이드 개발자야. 옮긴 책으로는 『초등 놀이 코딩』 『코딩 어드벤처 1~4』 『20 코딩 게임 WITH 스크래치』 『마인크래프트로 배우는 파이썬 프로그래밍』 들이 있어.

정지훈 감수
의학과 사회 과학, 공학을 전공하고 지금은 IT 융합전문가로 활동하고 있어. DGIST 전기전자컴퓨터공학과 겸직 교수, 모두의연구소 최고 비전 책임자를 맡고 있으며, 쓴 책으로는 『거의 모든 IT의 역사』 『생성형 AI가 바꾸는 메타버스의 미래』 『AI 101, 인공 지능 비즈니스의 모든 것』 들이 있어.

참고 자료

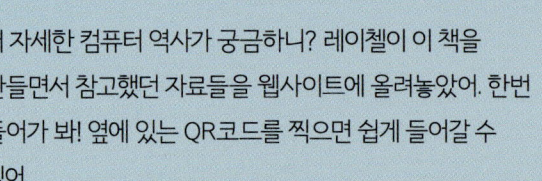

더 자세한 컴퓨터 역사가 궁금하니? 레이첼이 이 책을 만들면서 참고했던 자료들을 웹사이트에 올려놓았어. 한번 들어가 봐! 옆에 있는 QR코드를 찍으면 쉽게 들어갈 수 있어.

https://rachelignotofskydesign.com/the-history-of-the-computer-resources

스마트폰으로 찍어 보세요!

찾아보기

ㄱ
가리 카스파로프 16
가상 비서 110
가상 현실 15, 100
개인 비서 97
개인 정보 108, 112, 114
건 파이트 67
검색 엔진 94, 102
게리 킬달 75
게시판 68, 81, 92, 99
계산자 30
고든 무어 54, 62
고든 프렌치 68
고성능 정보 처리법 90
고트프리트 빌헬름 라이프니츠 32
광대역 96
광학 스토리지 13
구글 16, 94, 100, 102, 104, 106, 107, 108, 110, 112, 115
그래픽 사용자 인터페이스(GUI) 9, 62, 71, 77, 78, 81, 82, 85
그랜빌 우즈 38
그레이스 호퍼 43, 54, 62
그리드 시스템즈 79, 84
기가바이트 12
기계 코드 9, 10, 75
기계식 계산기 32, 33, 44, 46, 56
기술적 특이점 117
기억 장치 8, 12, 13, 48, 51, 56, 58, 61, 74

ㄴ
나사 56, 57, 61, 63, 84
냉전 42, 53, 56
네스트 102, 111
네포후알친친 26
넥스트 82, 86, 87
넷스케이프 93
노먼 벨 게디스 45
노스웨스턴 대학 109
노키아 커뮤니케이터 91, 97, 104
논리 게이트 10, 11, 31
놀란 부쉬널 14
니콜-렌 르포트 31
닌텐도 15, 61, 76, 79, 83, 87
닌텐도 엔터테인먼트 시스템(NES) 15, 61, 79, 87
닐 암스트롱 57

ㄷ
다르파 그랜드 챌린지 17
다이나북 74, 106
닷컴의 거품과 붕괴 90
댄 브릭클린 70
더글러스 엥겔바트 54, 62, 63, 81, 119
데니스 리치 66
데이비드 스미스 86
데이비드 패커드 42
덴드럴 16
델 80
도시바 79
돈 에스트리지 80
동키콩 87
드론 17, 111
드와이트 아이젠하워 6
디지털 격차 115
디지털 리서치 75
디지털 암흑시대 115
디지털 오디오 워크스테이션 85
디지털카메라 70, 88, 101, 104, 111
딥 러닝 100, 109, 112
딥 블루 16

ㄹ
라디오색 66, 70
라즈베리 파이 102
랄프 H. 베어 14
래리 생어 96
래리 페이지 94
레너드 클라인록 55
레밍턴 34, 58
레봄보 뼈 20
레오나르도 토레스 이 케베도 38
레이 톰린슨 73
레이다 41, 44, 46, 48, 56, 63,
레이저 디스크 13, 78
레이저라이터 82
렌더맨 83, 86
로렌츠 암호 44
로버트 노이스 60, 62
로버트 에버렛 56
로베르 카요 90, 92
로봇 17, 19, 23, 35, 44, 50, 81, 94, 102, 111, 114
록펠러 미분 해석기 46
롤랜드 86
루스 테이텔바움 51
루카스필름 78, 83
룸바 17
리 펠젠스타인 68, 74
리누스 토르발스 98
리눅스 91, 98, 104
리사 81, 82
리처드 브레스웨이트 30
릭 웨스트 115
릴레이 스위치 11

ㅁ
마거릿 해밀턴 61, 63, 119
마더보드 8
마쓰오카 후지오 79
마이스페이스 95
마이크 마쿨라 70
마이크로소프트
　　IBM과 마이크로소프트 74, 80, 99
　　엑스박스 15
　　역사 68, 69, 74, 80, 93, 99
　　워드 83

윈도우 90, 93, 99
인터넷 익스플로러 90, 93, 99
마이크로프로세서 14, 64, 67, 69, 72, 74, 75, 80, 82, 99, 108, 112
마이클 슈레이어 67
마이클 콜린스 57
마크 앤드리슨 93
마크 저커버그 95, 112
마틴 쿠퍼 71
말린 멜처 51
망 중립성 115
매킨토시 77, 81, 82, 85, 86, 87
맨체스터 대학 48, 55
맨해튼 프로젝트 43, 47, 50
메가바이트 12
메리 잭슨 57
메멕스 42
명령행 9
모든 데모의 어머니 54, 63
모리타 아키오 62
모스 부호 32
모자이크 90, 93
모토로라 71, 82
무어의 법칙 54
미국의 인구 조사 28, 34, 37, 39
미니컴퓨터 55, 60, 64, 65, 68, 69, 75, 81, 85
미디 76, 85, 86
미래의 과학 117
미분 해석기 46
미시간 대학 103
미시간 마이크로 모트 103
미야모토 시게루 87
미크랄 N 67

ㅂ

바버라 리스코프 98
바이트 10, 12
반도체 11, 30, 48, 54, 60, 79, 80
밥 프랭크스턴 70

배너 광고 91, 95
백링크 94
버니바 부시 42, 46, 50, 63
버즈 올드린 57
베티 홀버튼 51
벨 연구소 42, 48, 55, 66, 71, 83, 110
봄브 40, 44
불 대수 10, 29, 31, 38
브라우저 90, 91, 93, 94
브루스 길리앗 113
브루스터 케일 113
블랙베리 97, 104
블레츨리 파크 43, 44, 45, 50, 51
블루 박스 75
블루투스 8, 47, 101
비디오 게임 8, 14, 15, 60, 67, 68, 78, 79, 81, 83, 84, 87
비지칼크 67, 70, 72
비트 10, 12, 42
비트코인 103
빅 데이터 108, 117
빌 게이츠 68, 69, 74, 80, 93, 99
빌 휼렛 42

ㅅ

사격 통제 46
사이버스페이스 81
산반 21, 27
산업 혁명 17, 29, 30, 32, 34, 35, 114
살라미스 점토판 18, 20
샤피 골드와서 98
세르게이 브린 94
세이지 54, 56, 63
소니 62, 106
소로반 27
소셜 미디어 95, 106, 107, 108, 109
소프트웨어 8, 9, 51, 58, 59, 63, 67, 69, 72, 74, 77, 78, 80, 81, 82, 83, 90, 93, 104, 105, 106, 107, 113
수전 케어 86

쉐이키 17
슈퍼 마리오 브라더스 87
슈퍼컴퓨터 16, 56, 69, 79, 83, 90, 103, 105, 110, 112
스마트 기기 101, 104, 108, 111, 114
스마트폰 7, 9, 47, 48, 51, 97, 98, 101, 104, 105, 106, 107, 108, 109, 110, 111
스케치패드 62
스키테일 24
스타트렉 52, 59, 68, 97
스탠퍼드 대학 17, 68, 94, 103
스티브 러셀 60
스티븐 사손 70
스티브 워즈니악 68, 70, 75
스티브 잡스 68, 70, 75, 78, 81, 82, 83, 87, 104
스팸 31, 73
스페이스 인베이더 71
스페이스워! 14, 60
스프레드시트 67, 70, 89
스피크 앤 스펠 69
시냅틱스 74
시드니 브로드허스트 45
시리 110
시마 마사토시 72
시모어 크레이 69
시분할 58, 66, 73, 99, 107
신경망 100, 102, 108, 109, 112
신경망 기계 번역 102
실리콘 밸리 42
실비오 미칼리 98
실크 로드 21

ㅇ

아마존 94, 107, 110, 112
아스트롤라베 18, 22
아시모 17
아이, 로봇 44
아이번 서덜랜드 15, 62
아이작 아시모프 44
아이튠즈 91

아이팟 87, 88, 91, 97
아이패드 87
아이폰 66, 87, 100, 104, 105, 110
아타리 14, 75, 85, 86
아파넷 55, 56, 69, 73, 79, 92
아폴로 유도 컴퓨터 57, 61, 63
안드로이드 9, 102, 104
안티키테라 기계 21, 25
알 알콘 14
알고리즘
    소셜 미디어 107
    편견 115
알렉산더 그레이엄 벨 30
알렉사 110
알렉산드리아의 헤론 23
알렉시 클로드 클레로 31
알리바바 112
알테어 8800 64, 68, 69, 70, 74, 99
알토 64, 71, 81
알파고 16
알파벳 102
암호 화폐 103
애니 이즐리 57
애덤 오즈번 74
애플
    레이저라이터 82
    로고 70
    리사 81, 82
    매킨토시 77, 81, 82, 85, 86, 87
    아이튠즈 91
    아이팟 87, 88, 91, 97
    아이패드 87
    아이폰 66, 87, 100, 104, 105, 110
    애플 I 70, 75
    애플 II 64, 66, 67, 70, 72, 75, 80, 82
    애플 스토어 104
    애플토크 82
    역사 70, 75, 80, 81, 82, 87
애플리케이션 9, 90, 92, 105

앨런 셰퍼드 57
앨런 케이 74, 106, 119
앨런 튜링 43, 44, 45, 50, 51, 118
앨비 레이 스미스 83
야마하 76
양자 컴퓨터 100, 110
어니스트 C. 스미스 57
어도비 107
에니그마 40, 44, 45, 50
에니악 43, 46, 47, 48, 49, 51, 58
에드 로버츠 69
에드윈 캣멀 70, 83, 86
에릭 비나 93
에이다 러브레이스 36, 38
엑스박스 15
엔비디아 15, 112
영(0) 20, 21
오리건 트레일 14, 89
오즈번 컴퓨터 컴퍼니 74
오토캐드 76
온/오프 스위치 10, 11
와이파이 8, 47, 101
왓슨(IBM) 16
왕 연구소 74
왕안 74
요제프 바이첸바움 16
우주 경쟁 57
워드프로세서 67, 74, 83
월드 오브 워크래프트 15
월드 와이드 웹 컨소시엄 99
월윈드 13, 14, 56
월터 브래튼 48
웨스팅하우스 전기 회사 17
웨이백 머신 113
웹
    2.0 91, 95, 96, 101
    역사 89, 90, 91, 92, 95, 99
    인터넷과 웹 92
웹캠 111

위지위그 71, 82
위키피디아 96
윈도우 운영 체제 9, 63, 81, 90, 93, 99
윌리엄 깁슨 81
윌리엄 오트레드 30
윌리엄 챈들러 45
윌리엄 커퍼 46
유니메이트 17
유니박 6, 51, 52, 54, 58, 59, 62
유닉스 66
유럽 입자 물리학 연구소(CERN) 92, 93, 99
유리 가가린 57
유튜브 95, 102, 108
이더넷 71, 81
이메일 73, 81, 92, 97, 104
이미지넷 16
이베이 94, 98
이부카 마사루 62
이스마일 알-자자리 23
이와타니 토루 15
이진 코드 9, 10, 54
인공 신경망 100, 109
인공 지능(AI) 16, 17, 35, 43, 44, 51, 94, 101, 102, 107,
        108, 109, 110, 111, 112, 114, 115, 117
인스타그램 107
인터넷
    사물 인터넷 111, 116
    사용량 103
    어디에나 있는 인터넷 106
    역사 55, 81, 92, 93, 95
    웹과 인터넷 92
    전화 접속과 광대역 96
인터넷 아카이브 113
인터넷 익스플로러 90, 93, 99
인텔 54, 62, 64, 67, 69, 72, 74, 75, 80, 99
일괄 처리 58
일라이자 16
일렉트로 17
일렉트릭 펜슬 67

일론 머스크 112

ㅈ
자기 코어 메모리 13, 52, 56
자기 테이프 6, 13, 52, 58, 59, 72
자네트 윙 98
자동 프로그램 도구 17
자율 주행차 17, 100, 102, 109, 116
자일로그 74
자카르 직조기 36
잭 도시 112
잭 마 112
잭 킬비 60
잭 트라미엘 84, 86
저장 장치 8, 12, 13
전신 28, 31, 32, 34, 38
전원 공급 장치 8
전자 쓰레기 114
전자 프런티어 재단 113
전자 상거래 94, 98
점프스테이션 94
제2차 세계 대전 6, 39, 41, 42, 44, 46, 47, 48, 50, 51, 53, 62
제너럴 모터스 17
제록스 파크 63, 71, 74, 78, 81, 82, 83
제리 로슨 68
제이 포레스터 56
제프 베이조스 112
제프 호킨스 79
제프리 힌턴 112
젠슨 황 112
젤다의 전설 시리즈 87
조너선 플레처 94
조앤 클라크 45
조제프 마리 자카르 36
조제프 제롬 랄랑드 31
조지 불 10, 31, 38
조지 스티비츠 42, 46
조지 앤틸 47
조지 오웰 42, 82

존 F. 케네디 57
존 네이피어 30
존 모클리 46, 49, 58
존 바딘 48
존 배커스 55
존 빈센트 아타나소프 45
존 앰브로즈 플레밍 31
존 허셜 32
존 헨리 패터슨 39
주변 기기 8
주판 18, 19, 20, 21, 22, 23, 26, 27
지미 웨일스 96
지오시티 88, 95
집적 회로 11, 54, 57, 60, 61, 62, 65, 72
진 바틱 51
진공관 11, 31, 40, 46, 48, 49
짐 클라크 93

ㅊ
차분 기관 28, 32, 33, 36, 38
찰스 랙코프 98
찰스 배비지 28, 30, 32, 33, 36, 38, 46, 118
찰스 헐 78
천공 카드 13, 28, 32, 33, 34, 35, 36, 37, 39, 49, 56, 58, 72
초티 27

ㅋ
카를 페르디난트 브라운 30
카케하시 이쿠타로 86
캐서린 존슨 57
캐슬린 안토넬리 51
커뮤니티 메모리 66, 68, 74
컴파일러 9, 54, 62
컴팩 80
컴퓨터
　개인용 컴퓨터 7, 54, 65, 66, 67, 68, 70, 71, 72, 74, 75, 77, 78, 80, 81, 82, 87, 89, 99, 103, 104, 115

　기술 수렴 9
　미니컴퓨터 55, 60, 64, 65, 68, 69, 75, 81, 85
　미래 116, 117
　세상에서 가장 작은 컴퓨터 103
　슈퍼컴퓨터 16, 56, 69, 79, 83, 90, 103, 105, 110, 112
　양자 컴퓨터 100, 110
　유비쿼터스 컴퓨팅 116
　인간 컴퓨터 29, 31, 32, 33, 34, 35, 44, 47, 51, 57
　정의 6, 46
　주요 부품 8
　첫 활자화 30
　최초의 컴퓨터 45, 46, 47
컴퓨터 버그 43
컴퓨터 스페이스 69
컴퓨터 칩 8, 10, 11, 54, 57, 69, 72
케네스 톰프슨 66
케빈 시스트롬 107
케임브리지 대학 14, 111
켈빈 남작 33
코닥 88
코모도어 64, 66, 70, 77, 84, 86
콘라트 추제 45
콜로서스 40, 41, 43, 44, 45, 48, 50
크레이 슈퍼컴퓨터 69, 83
크리스 메시나 103
클라우드 컴퓨팅 13, 100, 107
클로드 섀넌 10, 31, 42, 50
클리퍼드 베리 45
키푸 24
킨들 104
킬로바이트 12
킴벌리 브라이언트 112

ㅌ
타이토 71
타자기 34, 58, 66, 67, 71, 86
태블릿 74, 76, 79, 104, 106
테라바이트 12
테슬라 112

텔레타이프 59, 68, 73
토머스 J. 왓슨 시니어 39
토머스 스톡햄 85
토미 플라워스 44, 45, 50
토이 스토리 83, 88
톰 앤더슨 95
튜링 기계 51
튜링 테스트 43, 51
트랜지스터 11, 13, 48, 54, 55, 60, 62, 110
트로이의 방 커피포트 111
트위터 103, 112
틴 토이 78, 83
팀 버너스리 90, 92, 93, 99

ㅍ

파워 글러브 81
팜파일럿 79, 88, 97
팝업 광고 89, 91
패킷 교환 55
패트릭 핸러핸 86
팩맨 15
팬텔레그래프 34
페데리코 파긴 72, 74
페덱스 109
페어차일드 반도체 60, 62, 74
페이스북 86, 95, 107, 112
페이페이 리 16
펜실베이니아 대학 46
포켓몬 고 15
포토샵 93
포트 8
포트란 55
폴 앨런 68, 69, 74, 99
퐁 14
퓨처월드 70
프랑수아 게르넬 67
프레드 무어 68
프렌드스터 95
프로그래밍 언어 9, 51, 55, 62, 70, 72, 75, 92, 98, 99

프로그램 9, 36
플래시 메모리 13, 79
플로피 디스크 13, 72, 82
피에르 오미디아 98
픽사 78, 83, 86, 87

ㅎ

하드 디스크 드라이브 13
하드웨어 8, 9, 43, 80, 82, 114
하버드 대학 69, 74, 95, 99
하버드 마크 I 11, 40, 41, 43, 45, 46, 48, 50, 62
하워드 에이킨 43, 46, 50, 62
해럴드 로크 헤이즌 46
해석 기관 30, 33, 36, 38
해시태그 103
핼리 혜성 31
허먼 홀러리스 34, 35, 37, 39
헤디 라마 47
혼다 17
홀로코스트 39, 41, 86
확장 버스 8
홈브루 컴퓨터 클럽 68, 70, 74, 80
휴대 전화 71, 91, 97, 101
히스킷 81

3D 프린팅 78
AOL 88, 92, 107
AOL 인스턴트 메신저 88
CD 13, 78, 91
CDC 55, 56, 59
CD-ROM 78, 92
CGI 83, 88, 94
CPU 8, 12
CTR 31, 39
DEC 55
DJI 팬텀 17
DNA(데이터 저장 장치) 104
D-RAM 13
EMCC 58

Folding@home 103
GPU 8, 15, 112
HP 42, 68, 71, 75
HTML 92, 95
IBM
  PC 74, 76, 77, 78, 80, 82
  경쟁사 59
  기업 문화 35, 39
  딥 블루 16
  마이크로소프트와 IBM 74, 80, 99
  모델 1401 59
  사이먼 104
  시스템/360 52, 59
  양자 컴퓨터 110
  역사 31, 35, 39
  왓슨 16
  타입 77 병합기 34
  플로피 디스크 72
J. 프레스퍼 에커트 46, 49, 58
JPEG 91
MESM 53
MIT 13, 14, 16, 56, 58, 60, 61, 63, 98
MITS 69
MP3 플레이어 97, 104
NCR 39
NLS 62, 63, 81
NSFNET 79, 81, 92, 93
OS 9, 66, 93, 104
PDP-1 14, 55, 60
RAM 8, 12, 13, 56, 82
ROM 12
SRI 인터내셔널 17, 54
TMC 35, 39